Eugen Roth

Erinnerungen eines Vergeßlichen

Anekdoten und Geschichten

Carl Hanser Verlag

ISBN 3 446 11582 X

Umschlagentwurf: Claus J. Seitz
Printed in Switzerland
by Buchdruckerei Carl Meyer & Söhne
Jona bei Rapperswil SG

Vorrede

Wegen übler Nachrede kann man sogar gerichtlich belangt werden. Vorreden, wohl oder übel, werden meistens überhaupt nicht gelesen. »Erinnerungen eines Vergeßlichen« — das ist ein bißchen untertrieben. Notfalls habe ich ein Elefantengedächtnis, und ich könnte vieles erzählen, was gewichtiger ist als die harmlosen Geschichten, die ich hier bringe. Aber da käme ich wieder in den Bereich der üblen Nachrede. Über die noch Lebendigen was zu sagen ist gefährlich, über die Toten soll man nichts als Gutes sprechen — also kann man sich das Schimpfen sparen, obwohl der Leser den Klatsch am liebsten hat.
Gemessen an dem, was Zeitgenossen in diesen überwiegend scheußlichen Jahren mitgemacht haben, sind meine Erlebnisse belanglos. Jedes Buch voller Abenteuer, jede Nummer einer Tageszeitung ist spannender und zeigt die Welt, wie sie, leider, ist — ich schildere nur, wie sie war. Und mit den Großen kann ich mich, als Anekdotenerzähler, schon gar nicht messen. Wer aber, dies zur Entschuldigung, gibt heute noch, am Stammtisch etwa, ein rundes Histörchen zum besten, wie es gewiß noch dem Johann Peter Hebel vergönnt war, der dann freilich Goldstücke der deutschen Dichtung daraus machte.
Die Anekdote, so sagt man, entschärft die Welt. Allerdings braucht sie dazu einen naiven Leser, der noch nicht durch die Forderungen der jüngsten Literatur verdorben ist — wie sich ja auch der Schreiber einfältiger stellt, als er ist. Das meiste bezieht sein Recht, gedruckt, gelesen und vielleicht gar gelobt zu werden, aus dem schlichten Umstand, wahr zu sein, im Alltag erlebt, nicht verfremdet und nicht schöngefärbt.
Und noch eins: ohne die Liebe ist alles nichts. Solche kleinen Geschichten muß man mögen, hochgestochenen Ansprüchen sind sie nicht gewachsen.

Urfrieden

Frühe Dienste

»Und gib mir ja acht, daß du die Briefkästen nicht verwechselst!« rief mir mein Vater noch nach, wenn er mich, die kleinen Hände mit Postsachen überhäufend, an die Straßenecke schickte. Dort war neben dem gelben der Reichspost auch der blaue Kasten der Privat-Stadtpost angebracht. Alle Münchner Sendungen wurden durch diese Anstalt weit billiger (um ein Drittel oder gar um ein Sechstel) befördert. Es gab auch eigne Marken, ich erinnere mich ihrer wohl, sie trugen in einem Kreis das Münchner Kindl mit der Umschrift: »Courier. Privat-Stadtpost.«

Ich kann es kaum glauben, daß schon am 1. April 1900 diese »Post des armen Mannes« ihr Ende gefunden haben soll – denn ich war damals ja erst fünf Jahre alt.

Nicht viel älter freilich werde ich gewesen sein, als es galt, weit schwierigere Botengänge auszuführen. Auf dem Redaktionsstuhl, den ich ein Vierteljahrhundert später einnehmen sollte, thronte damals Georg Baumgärtner, so finster und so bleich, ein ewiger Nörgler. Die Berichte meines Vaters trug ich nun wieselflink von der Augustenstraße in die fürchterliche Stube am Färbergraben. »Viel zu lang! Viel zu spät«, so lautete das ständige Urteil des unfreundlichen Schwaben, der nie ein Lob für meine Dienste hatte, die mir so manchen Nachmittag oder Abend verdarben. Es gab auch Tage, wo ich zwei- und dreimal den faden und gefährlichen Weg durch die Altstadt laufen mußte.

Auch später war der Gang noch oft zu tun; jedes Familienmitglied, jeden Gast suchte mein Vater dafür einzuspannen; meist kleidete er sein Ansinnen in die Scheinfrage, ob man nicht zufällig in die Gegend komme ...

Neben den »Münchner Neuesten« bediente mein Vater auch noch die andern Blätter der Stadt mit Nachrichten; ich lernte die grauen, freudlosen Winkel kennen, wo die Papier-Maulwürfe alle hausten; an die Zeitungspaläste unsrer Tage darf man da natürlich beileibe nicht denken. Da war der ganz verwahrloste Betrieb der »Neuen freien Volkszeitung« in der Augustenstraße, der düstere Hof des »Bayerischen Kuriers«, gleich hinter den »Neuesten«, die alte »Augsburger Abendzeitung« und die »Münchner Zeitung« beim späteren Holzkirchner Bahnhof und zuletzt die dunkle Treppe des Hauses in der Frauenstraße, in dem die »Bayerische Staatszeitung« untergebracht war. Ich kann wirklich sagen, daß ich von der Pike auf gedient habe.

Besondere »Husarenstückchen« galt es zu vollbringen, wenn, buchstäblich in letzter Minute, Briefe nach auswärts zu bestellen waren. Die ganze Familie, das »Schreibfräulein«, der Sekretär, das Dienstmädchen und womöglich auch ein zufälliger Besucher waren bemüht worden, auf dem Hektographen (ursprünglich dem noch gräßlicheren Schapirographen) die eiligen Niederschriften meines Vaters zu vervielfältigen und in die Umschläge für den »Fränkischen Kurier«, den »Geselligen« in Graudenz und ähnliche Provinzblätter zu stecken, die vielleicht, gegen eine Pauschalgebühr von einer Mark, einen Bericht »ihres Münchner Korrespondenten« abdrucken würden.

Und dann wurde ich losgejagt, das Bahnsteig-Zehnerl und eine Tüte billiger Zigarren in der einen, die Briefe in der andern Hand. Ich sauste nur so durch die Augusten- und Dachauerstraße. Der eiligste Brief – es war schier hoffnungslos, ihn noch an den Mann zu bringen – mußte dem Zug-, notfalls sogar dem Lokomotivführer des Zuges nach Nürnberg übergeben werden, mit einer Zigarre und der flehenden Bitte, ihn doch an Ort und

Stelle zu besorgen. Der gemütliche, von Ruß und Schweiß glänzende Kopf des einen oder andern schwarzen Mannes ist mir heut noch im Gedächtnis, wie er sich herunterneigte, wenn er endlich im zischenden Dampf meine atemlose Piepsstimme gehört hatte; grinsend nahm er Brief und Zigarre entgegen — oft freilich aber war's um Sekunden zu spät —, die Räder rollten schon, und vergebens, unter quellenden Tränen ob meines Mißerfolgs, schwenkte ich den Umschlag.

Für den nächsten Zug, etwa nach Kassel, hatte ich dann ein Weilchen Zeit, auszuschnaufen. Er führte auch einen Postwagen mit, und die Schwierigkeit war nur, die bereits eifrig sortierenden Männer aufmerksam zu machen. Der Rest der Briefe aber wurde in die Hopfenstraße getragen, wo freilich damals noch kein öffentlicher Kasten war, sondern wo ich Knirps mich mitten in das Gewühl der Verteiler schleichen mußte, notfalls auch hier mit der Springwurzel einer Zigarre den schnellsten Weg erschließend.

Zwölf Jahre vielleicht war ich alt, als ich meine Sporen als Berichterstatter verdiente. Daß wir unserm Vater schon weit früher jedes gestürzte Droschkenpferd, jeden Wasserrohrbruch und jedes Ausrücken der Feuerwehr fliegenden Atems meldeten, versteht sich von selbst. Nun aber wurde ich ein richtiger Pressevertreter, oft zu einer Zeit, in der Kinder schon ins Bett gehörten.

Kleine Festlichkeiten und Versammlungen gab es täglich so viele, daß die Zeitungsschreiber nicht mehr mitkamen; aber jeder Veranstalter hatte damals ein verbrieftes Recht, mindestens im »Generalanzeiger« mit ein paar freundlichen Zeilen erwähnt zu werden. Also sprach mein Vater — selbst auf dem Sprung, sich in wichtigere Ereignisse zu stürzen — zu mir: »Da gehst du jetzt vor ins ›Union‹, da findest du am Vorstandstisch einen Mann mit langem weißen Bart, das ist der Herr Feldigel, dem sagst du einen schönen Gruß von mir, läßt dir das Programm geben und fragst, ob alles richtig verlaufen ist; und wenn sich später noch was ändern sollte, dann soll er so gut sein und mich morgen anrufen. Und — schau dich auch selber ein bissl um, ob viel Leut' da sind, ob hübsch dekoriert ist und so weiter.«

Ich war glücklich, wenn ich den Mann mit dem langen weißen Bart entdeckt hatte — und recht viel mehr leisten die kleinen Reporter von heute ja auch nicht, als daß sie sich vergewissern, ob alles nach dem Programm abläuft. Geschah es doch zur Zeit meiner eignen Redakteursherrlichkeit noch, daß diese Nichtswürdigen Sänger hatten auftreten lassen, die verhindert, oder gar Mitbürger zu Grabe getragen, die gar nicht gestorben waren.

Die Begegnung

Mein Vater, ein junger Mann noch, wurde als Berichterstatter zu einem Fremden geschickt, der in dem damals neu eröffneten, riesig und glanzvoll wirkenden Café Luitpold zu einer bestimmten Stunde sitzen sollte. Der Herr, sagte ihm der Redakteur, habe einen ausgesprochenen Birnenschädel, oben kahl, rundum rote Haare. Er schaue mit halbblinden, grünen Augen mühsam aus seinen Sommersprossen heraus; er habe einen langen Hals, faltig wie ein Truthahn; endlich sei er, ungeachtet seiner Stellung und seines Vermögens, derart schlecht und unsauber angezogen, daß man nicht mit einem Stecken ihn anrühren möchte.

Mein Vater betrat das Kaffeehaus, überblickte das Gewühl der Gäste und ging schnurstracks auf den also beschriebenen Herrn los. Der zeigte sich ungemein darüber erfreut, wie gut die Verabredung zweier Unbekannter geklappt habe, und fragte strahlend — so weit er das vermochte: »Und nun sagen Sie mir einmal, wieso Sie mich so rasch gefunden haben!?« Es bedurfte großen diplomatischen Geschickes, ihm das zu erklären . . .

Heiratsanträge

Meine Mutter war, auch noch über ihre Jugend hinaus, eine hübsche Frau, und so konnte es nicht ausbleiben, daß mancher Mann ein Auge auf sie warf. Eines Abends saß sie auf einer Anlagenbank, da setzte sich ein weit Jüngerer neben sie und erzählte ihr, nicht grade zudringlich, aber ungefragt und frei von der Leber weg, seine Lebenspläne. Er sei, sagte er, ein Konditorgeselle und habe die Absicht, sich selbständig zu machen.

Nichts fehle ihm dazu als eine geschäftstüchtige Frau, die auch etwas Geld mitbringe — und sie, meine Mutter, scheine da die Rechte zu sein, denn, daß sie nicht arm sei, sehe man ihr an. Meine Mutter hatte den unverhofften Freier ruhig reden lassen, jetzt aber teilte sie ihm mit, daß sie schon einen Mann und vier Kinder habe. Der Mann machte auf den Bewerber überhaupt keinen Eindruck, er fand ihn des Erwähnens nicht wert. Aber die Kinder? Er rückte vertraulich näher und sagte, ohne jede Wallung des Gemüts: »Die Kinder — die beißen wir schon naus!«

Ein andermal fuhr meine Mutter in der Straßenbahn; je leerer sie stadtauswärts wurde, desto beflissener ging der rüstige Schaffner, durch den Wagen, an ihr vorüber. Endlich, als sich die Reihen der Fahrgäste soweit gelichtet hatten, und auch meine Mutter Anstalten traf, auszusteigen, faßte er sich ein Herz und sprach sie an: »Nix für ungut, Frau: san Sie schon verheirat?« — »Ja, das bin ich!« sagte meine Mutter voll Erstaunen. »Na' san S' mir halt net bös', i hab mir's schon denkt, weil i halt gar koa Glück hab'. Aber wissen S'«, setzte er tieftraurig hinzu, »fragen hab i Eahna müssen, es hätt' mir 's Leben lang as Herz abdruckt, wenn i im Zweifel blieben waar . . .«

»Es sind Schindeln am Dach!« pflegten die Erwachsenen zu warnen, wenn die Kinder ihre Gespräche nicht hören sollten. Die vornehmere Sitte, französisch zu reden, kam bei uns nicht in Betracht. Auch waren unsere Eltern ziemlich unbekümmert, sei es aus schlichter Schlamperei, oder sei es im Glauben, so kleine Burschen verstünden ja doch nichts von Skandalgeschichten. Selbst die Namen der Betroffenen unterdrückten sie nicht.

Zu den Hausfreunden zählte der Maler Mohr, ein schrecklich ungewaschener und struppiger Spießer, der sich für einen Künstler hielt, weil er Professor an der Kunstgewerbeschule war, wo er in einem sagenhaft schmutzigen Atelier hauste. Er wohnte in der Rottmannstraße, in einem düsteren Winkelhäusl, aber seine freie Zeit verbrachte er an Stammtischen, sommers gar in dem berühmten Arzberger Keller oder als Kümmerer bei Bekannten, beispielsweise bei uns.

Die Kümmerer sind so gründlich ausgestorben, daß man sie erklären muß. Es sind die Leute gewesen, die sich um einen kümmerten: einseitige Freunde, die zu Besuch kamen, ohne viel Ansprache oder gar Bewirtung zu erwarten. Sie waren geduldet, so lang sie nicht störten, Stehgäste meistens, die sich schwatzend oder schweigend herumdrückten, gelegentlich um Auskünfte befragt wurden oder auch kleine Gefälligkeiten und Botengänge übernahmen und die nicht weiter gekränkt waren, wenn niemand Zeit für sie hatte. Niemals oder nur ganz selten erwiderte man ihren Besuch, ja von vielen wußte man kaum, wo sie wohnten. Am ehesten waren sie den römischen Klienten zu vergleichen, nur, daß sie unabhängig waren und von den Schnorrern und Tellerleckern streng unterschieden werden mußten. Blieben sie wirklich zum Abendessen, brachten sie das ihrige selber mit oder ließen vom Dienstmädchen Bier und Braten aus der nächsten Wirtschaft holen.

Ein solcher, fast täglicher Gast war also der Professor Mohr, und es war mehr ein Zufall, daß wir auch seine Frau kannten, von einer Sommerfrische her, in Bichl, wo sich meine Mutter mit ihr etwas anfreundete und wir mit den zwei Kindern spielten, im Wirtsgarten des »Bayrischen Löwen«, in dem ich erst fünfzig Jahre später wieder einmal sitzen sollte.

Aber damals, gleich im Herbst, war von dieser Frau Mohr viel die Rede bei uns, daß die Ehe nicht mehr stimme und daß sie ihren Mann betrüge, wofür unsere Mutter ein unverhohlenes Verständnis zeigte, denn, wie sie sagte, nicht mit einem Steckerl möchte sie den unsauberen Kerl anrühren.

Ganz anders nämlich war die Frau, und es glaube nur niemand, ein Fünfjähriger könnte das nicht erfassen, wie ihr die heiße Lebenslust aus allen Nähten platzte, wie sie fesch, fleischwippend und wohlgeschnürt des Weges kam, mit Augen, schwarz und glühend wie Kohlen und immer Schweißperlen auf der aufgeworfnen, beinah schnurrbärtigen Oberlippe.

Vom Großvater hörten wir, ohne es recht zu verstehen, daß sie ihm alten Mann noch durch die Hosen schaue, von den Eltern, daß sie eine blitzsaubere Person sei und gewiß eine Todsünde wert, ganz niederen Standes vermutlich, keine hiesige – und ungebildet bis dorthinaus. Ihre unbekümmert-drolligen Redensarten übrigens, wie daß es doch egal sei, ob ihr Sohn auf die Regal- oder Realschule komme, waren noch lang bei uns im Schwange, nachdem ihre Urheberin verschollen war.

Damals also ging es, wie vor uns Kindern ohne Scheu erörtert wurde, um nichts Geringeres als darum, wie der Mann seine Frau des mehr als vermuteten Ehebruchs überführen könnte; und unsere Wohnung, unweit der Rottmannstraße, war, wenn nicht Hauptquartier, so doch Vorwerk und Schanze des großen Unternehmens, die verruchte Gattin auf frischer Tat zu ertappen – einer Tat, unter der wir uns recht wenig vorstellen konnten und die für uns Buben nur ein Teil der abenteuerlichen Gaudi war, an der wir teil hatten, weit mehr, als unsere Eltern ahnen mochten.

Denn die Besuche des Professors häuften sich, sie fanden auch zu ungewohnten Tageszeiten statt, in Frühstück und Abendessen platzte er herein. Die Gespräche waren auf einmal voll dunkler Andeutungen, übernächtig sah der Mann aus, wenn er kam und bloß sagte: »Wieder nichts!« oder »beinah!«, und seine jägerische, seine wildwestische Erregung sprang auf uns über.

Er ließ sich von meinem Vater einen Havelock leihen, einen Zylinder — er versuchte es mit einer Dienstmannsmontur mit roter Mütze, wie sie mein Vater für Faschingsfeste als bequemste Maske bereit hielt; verkleidet schlich er in die Dämmerung oder den Herbsttag hinaus — meine boshafte Mutter meinte (freilich erst, wenn er fort war), er müßte sich nur waschen und einen saubern Kragen anziehen, dann sei er gewiß völlig unkenntlich.

Endlich, eines Morgens, kam er, bös funkelnden Triumph hinter der Brille: »Heut' hab' ich sie erwischt!« rief er, schon unter der Tür, »mit dem Briefträger bin ich hinein, darauf war sie nicht gefaßt!« Wir Buben hörten noch was von einem unverschämten Kerl, aber grade als der Bericht so recht spannend zu werden versprach, merkte auch die Mutter, daß es kein Gespräch für Kinder sei, und stamperte uns hinaus.

Im Lauf der nächsten Zeit legte sich die Aufregung, und schon gegen Weihnachten stellte uns der Professor sein neues Weibi vor, ein treudeutsches älteres Mädchen, wie aus Eiche geschnitzt, mit einer Schneckenfrisur und einem Holzgelächter; und viele Wochen hernach, im März, kam die Mutter von der Stadt heim, sie habe Mohrs Verflossene getroffen, schnackerlfidel, sie habe ihren Kellner geheiratet. Dann war sie in der großen Stadt verschollen.

Das ist das sicherste Zeichen dafür, daß man alt wird: wenn man gebeten wird, sich an leibhaftige Eindrücke zu erinnern, die eine Mehrzahl der Leser nur vom Hörensagen kennt. Nun ist es freilich so, daß nur das heute noch beachtenswert scheint, was ein sehr junger Mensch gestern noch grade mitgekriegt hat; das königlich bayerische Hoftheater stand ja, als Nationaltheater, bis zu jener Bombennacht vor unser aller Augen.

Da wäre also nichts Besonderes zu erzählen; viele von den Jüngeren erinnern sich, daß sie als Studenten auf jenen Augenblick gewartet haben, wo der Start ins Juchhe freigegeben worden ist, viele, freilich nicht mehr so viele, wie sie als Leutnants die ehrenvollen Parkettstehplätze eingenommen haben. Und ganz alte Damen gedenken gern ihrer festen Abonnementsplätze, lang vor Theatergemeinde und Volksbühne, als der Besuch des Hoftheaters noch ein gesellschaftliches Ereignis war. Noch sind gottlob nicht alle Leute tot, die eine berühmte Uraufführung miterlebt, die den großen Caruso dort singen gehört haben. Die freilich gehören schon zu den Memoiren-Würdigen, und jeden Tag werden sie weniger.

Um es gleich zu gestehen, ich zähle nicht zu ihnen; denn meine Eltern – und die Eltern im allgemeinen – waren nicht so üppig, ihre Söhne ins Theater zu schikken, gar an Tagen, wo es ausdrücklich hieß, daß alle Vergünstigungen aufgehoben seien – ganz zu schweigen von den zwanzig Mark in Gold, die seinerzeit für das Gold in der Kehle des berühmtesten Sängers der Welt bezahlt werden mußten. Von einem solchen Erlebnis hörte ich nur von einem Freunde, der als Statist keine zehn Schritte neben dem Wundermann gestanden war.

Wenn ich mich trotzdem als ein Siebzigjähriger (und was heißt das heute schon?) an ganz frühe Zeiten erinnern kann, dann ist es sozusagen die Verlängerung meines Gedächtnisses durch meinen Vater, der uns Buben schon im Kleinkinderalter von fünf oder sechs Jahren mit den Bühnengrößen um die Jahrhundertwende bekannt machte und der von mir, wenig später, Botengänge aller Art verlangte, die mich Knirpsen nicht nur in alle Redaktionsstuben, sondern öfter als einmal in das gewaltige, vielwinklige Haus am Max-Josefs-Platz führten, so daß ich die Bühne, die Garderoben, den Schnürboden und die Diensträume des Theaters eher kennenlernte als eine Aufführung als Besucher.

Da galt es, dem allgewaltigen Generalintendanten Ernst von Possart einen Brief zu bringen, den technischen Direktor, den Garderobier um die Überlassung eines Versatzstückes oder einiger Kostüme für ein Wohltätigkeitsfest zu bitten, mit dem Ballettmeister einen Termin zu vereinbaren oder auch beim Hauptkassier nachzufragen, ob die Freikarten, um die mein Vater eingegeben hatte, genehmigt worden seien; sie waren fast immer genehmigt — von der Großzügigkeit jener königlichen Vorkriegsjahre macht man sich heute kaum noch einen Begriff.

Die stärksten Eindrücke hatte ich von der Bühne; es wurde gerade eine Oper geprobt, als man mich quer hinüber führte; unvergeßlich ist mir der eisige Luftzug, der aus ihren Tiefen wehte, das Gewirr von technischen Anlagen, das Licht, die Soffitten, die Kreidestriche auf den Brettern, die nun auch für mich eine neue Welt bedeuteten, die Einsicht in all das, was aus der Nähe zugleich be- und entzauberte, nicht zuletzt natürlich der Anblick der kostümierten und geschminkten Damen und Herren — und das dunkle Schweigen des riesigen Zuschauerraums, der mir wahrhaftig wie ein Abgrund entgegengähnte.

Auch sonst war der Fuchsbau unheimlich genug, wenn etwa eine Aufführung vorbereitet wurde, Lohengrins Schwan in einer finstern Ecke stand, die eingemotteten Kleider zu Bergen gehäuft lagen, ein Spaßvogel mir einen

Helm aufsetzte oder Siegfrieds Schwert in die Hand drückte.

Und wenn ich dann gar, wieder in die Bereiche der Generalintendanz zurückgekehrt, vor dem Erhabenen stand, der mir mit einem unvergeßlichen Pathos auftrug, die Augustenstraße einundzwanzig — also nicht etwa meinen Vater allein — von ihm zu grüßen, dann wurde ich noch kleiner, als ich ohnehin war, und wagte erst draußen wieder so richtig aufzuatmen.

Unsere bescheidene Wohnung im vierten Stock besuchten gelegentlich einige Größen des Hoftheaters; der Fischer-Franzl, der bedeutende, aber immer etwas im Schatten stehende Dirigent, zertrümmerte fast unser altes Klavier, und der Sänger Grifft, meines Erinnerns ein Bruder der großen Schauspielerin Therese Giehse, sang, daß die Wände bebten. Frau Emma Berndl, die manchen Festprolog meines Vaters vortrug, war natürlich für mich eine göttliche Erscheinung, ich weiß nicht, ob es so was von glühender Verehrung heute noch gibt.

Daß ich dann eines Tages als Gymnasiast den »Tell« zu sehen bekam, den ich als eine einzige Folge mir seit Jahren bekannter Zitate erlebte, ist ja nicht des Mitteilens wert, noch weniger, daß ich späterhin Bruno Walter am Pult, Knote, Feinhals oder Bender sah und hörte — denn, wie gesagt, diese Ereignisse gehören schon einer jüngeren Zeit an. Später wurde ich sogar Opernkritiker. Der »Bayerische Kurier« gab, gegen ein Dutzend äußerst vorsichtiger Zeilen, gerne seine Freikarten. Gedenken will ich aber jener Tage des Umsturzes, 1918, als auf der feuerrot drapierten Bühne Goethes sonst nie gespieltes Stück »Des Epimenides Erwachen« über die Bühne ging und der alte, eben noch königlich bayerische Hofschauspieler Matthieu Lützenkirchen sich in einen wilden Revoluzzer verwandelte: damals begriff ich zum erstenmal, was ich später immer wieder erleben sollte: wie schnell das geht! Und zum Schluß gedenke ich jener aufregenden

Viertelstunde, als der struppige Kurt Eisner vor den Vorhang trat, den ungeheuren Vorhang; er stellte sich seinem Schicksal, dem betäubenden Lärm der Schreie und Pfiffe, dem Prasseln des Beifalls – was er dann gesagt hat, weiß ich nicht mehr, aber daß er Mut und Würde bewiesen hat, könnte ihm niemand abstreiten.

Viele, viele Jahre sind seitdem vergangen, das oft zitierte neue Leben ist aus den Ruinen erblüht; und wiederum stand ich, als Verfasser des Richtspruchs, zuerst auf der noch unfertigen, verwirrend abgründigen Bühne, ehe ich die Meistersinger »von meinem Platz aus« hören durfte. So gibt es doch Dinge im Leben, die sich auf eine rätselhafte Weise wiederholen.

Ein Schulerlebnis

»Er hat vor dir gezittert – wehe dir!
Daß du ihn schwach gesehn, verzeiht
er nie!«

Also warnt den Wilhelm Tell seine Frau auf den Bericht hin, daß er den vor Angst schlotternden Geßler aus Bergnot errettet hat. Auch ich habe, als Oberprimaner, unsern Schultyrannen vor mir zittern gesehen – aber, um es vorweg zu sagen, schlimme Folgen hat es für mich nicht gehabt, ja, vielleicht bin ich, einer der schlechtesten Schüler, durch meine Hilfsbereitschaft überhaupt durchs Abs gekommen.

Ich stand, des Morgens mit zwei Kameraden ins Pennal fahrend, in der Straßenbahn auf der hinteren Plattform, die damals, 1914, noch offen war; die eisernen Gittertüren waren auf der linken Seite versperrt, rechts zum Ein- und Aussteigen hochzuheben – ältere Leser werden sich daran erinnern. Man konnte, wenn es auch streng verboten war, auf das Trittbrett des fahrenden Wagens springen und, besonders wenn eine hilfreiche Hand das Fallgitter hob, noch mitkommen. Freilich geschah dabei manches Unglück, mehr als einer verfehlte den Sprung, und wenn er nicht gar unter die Räder kam, aufs harte Straßenpflaster fiel er gewiß.

An einer Umsteigstelle sahen wir plötzlich unsern Professor, den kleinen, scharf bebrillten, verstruppelten Rotbart, schirmbewaffnet, mit fliegenden Rockschößen über den Platz herlaufen, ehe wir's recht begriffen, hing er, auf dem Trittbrett stehend, wohlgemerkt der falschen linken Seite, rüttelte in wütender Verzweiflung an der Gittertür und schrie uns, die ja dicht über ihm standen, zornig zu: »Machen Sie auf! Machen Sie auf!«

Wahrhaftig, es war eine einmalige Gelegenheit, sich an dem Mißgeschick des Tyrannen zu weiden, an seiner Schwäche — und die beiden Kameraden grinsten denn auch höhnisch genug. Daß er auf der falschen, der zugesperrten Seite aufgesprungen sei, war dem Professor nicht klarzumachen, mit Worten nicht und nicht mit Deuten — er mußte unser Verhalten für bare Unverschämtheit halten. Wie ein Gorilla fletschte er uns an — aber blitzschnell hatte ich die Gefahr erkannt: Wenn gar in der nahen Kurve ein Wagen entgegenkam, konnte er den Mann vom Trittbrett streifen: ich griff, was einzig des Schaffners Recht ist, nach der Leine und läutete heftig ab, die Bremsen knirschten, der Wagen kam zum Stehen, der Schaffner eilte herbei, sah, noch ehe er uns Lausbuben beschimpfen konnte, den Fahrgast am Gitter hängen, zog seinen Dreikantschlüssel und sperrte auf. Schwer keuchend, böse und beschämt zugleich durch die Brille funkelnd, stieg unser Professor ein, ging an uns vorbei ins Innere, ohne ein Wort des Dankes oder des Tadels.

Der Schaffner, seine strenge Dienstmiene ins Menschliche glättend, nickte uns zu und brummte etwas von Glück gehabt haben. Aber auch wir schwiegen.

Eine Viertelstunde später stand der Professor vor uns auf dem Katheder, er ließ sich nichts anmerken von dem peinlichen, dem gefährlichen Zwischenfall; vermutlich war er sich aber doch seiner Unvorsichtigkeit bewußt geworden, die so schlecht hätte ausgehen können.

Nie mehr kam er auf die Sache zu sprechen, sie blieb eine Art Geheimnis zwischen uns. Er schonte mich seither sichtlich, er bohrte nicht mit bösen Fragen in meiner Unwissenheit. Vielleicht hätte er sich gern an den beiden andern für ihr höhnisches Grinsen gerächt; aber ihnen konnte er nichts anhaben, denn sie waren gute Schüler.

Ein alter Lehrer

Daß es heutzutage noch so schrullige Volksschullehrer gibt, wie zu meiner Kinderzeit, glaube ich nicht. Und gäbe es sie, die Behörden und die Elternbeiräte legten ihnen bald das Handwerk – denn um ein solches drehte sich's ja, wie wir gleich sehen werden.

Der Lehrer Spöttel an der Luisenschule war aber noch ein Pädagogarch im früheren Sinn. Als ich ihn hatte, war er schon ein alter Mann, bereits vor einem Menschenalter war der jüngere Bruder meines Vaters, der Onkel Theodor, sein Opfer gewesen, und der ungeschlachte Braumeister grinste und grunzte hämisch, als er hörte, daß mir das nämliche Schicksal drohe. Auch mein um ein Jahr älterer Bruder Hermann, soeben der Zucht Spöttels entronnen, erging sich in düsteren Weissagungen über meine nächste Zukunft. Ich kam also nicht ungewarnt in die dritte Klasse.

Daß ich mich heute, nach so urlanger Zeit, dieses Lehrers so genau entsinne, hat seinen Grund: ein Schulkamerad von damals hat in einem Brief mein eigenes Gedächtnis aufgefrischt.

Der Lehrer, Andreas, wenn ich mich recht erinnere, war ein großer, eher hagerer Mann, rundköpfig, kurzhaarig, vermutlich mit einer randlosen Brille. Sein faltiger Hals kam schildkrötenhaft aus dem niedern Kragen. Daß ein Lehrer auch ein bürgerliches Leben führt, irgendwo in der Stadt wohnt, Frau und Kinder hat, wurde uns Buben nicht bewußt. Er war einfach da, um acht Uhr früh, und verschwand um vier Uhr nachmittags wieder, Woche für Woche, zwei Schuljahre lang.

Obwohl der Lehrer Spöttel ein Grobian war, denke ich ohne Bitterkeit an ihn zurück; denn immerhin war er ein Kauz von galligem Humor. Am meisten gefürchtet war die Rechenstunde, mit dem kleinen und großen Einmaleins. Er schrieb, schon vor dem Beginn des Unterrichts, die Namen von zehn Delinquenten an die Tafel, und unser erster banger Blick suchte, ob wir unter den Opfern seien. Die mußten sich auf die vordersten Bänke setzen; Herr Spöttel ergriff den Zeigestab: 5×13 ist? Immer härter schlug der Stecken auf den Kopf des Gefragten, bis die Antwort kam oder die Tränen das einzige blieben, was er aus dem Dummkopf herausbrachte. Schlimmer noch war eine andere Methode: der Schüler mußte die zehn Finger aufs Schulbänklein spreizen, der Quäler deutete mit dem Lineal auf die gewünschte Zahl und verstärkte den Druck bis zum unerträglichen Schmerz am Nagelbett.

Das Schönschreiben brachte er uns auch auf seine grausame Weise bei. Er ging durch die Bankreihen, brummte vor sich hin und sagte mit undurchdringlicher Miene zu dem oder jenem: »Du kannst vorgehen!« Noch wußte keiner, ob das Lob oder Strafe bedeutete. Denn neben den gefürchteten Tatzen gab es auch freudige Überraschungen: der alte Mann kaufte bei seinem Metzger allerhand Abfall, Wurstzipfel oder Leberkäsanschnitte; und unverhofft bekam ein Bub einen solchen Leckerbissen oder auch eine billige alte Ansichtskarte, wie sie der Lehrer stoßweise in seinem Pult liegen hatte.

Brach bei einem Schüler Nasenbluten aus oder klagte er über Zahnweh, so war der Lehrer um kein Hausmittel verlegen. Er zog sein riesiges buntes Schnupftuch aus der Tasche, knotete ein Beutelchen daraus, das er mit Salz füllte, in die Waschschüssel tauchte und dem Patienten unter die Nase schob. Auch ein großer, kalter Hausschlüssel, auf den Nacken gelegt, tat gute Dienste.

Sah er einen Knaben, der als Pausebrot Zuckerwerk verzehren wollte, entriß er's ihm mit finsterer Heiterkeit, öffnete das Fenster in den Schulhof, zerbröselte das seiner Meinung nach ungesunde Zeug und warf es hinaus: »Das ist was für die Vögel, aber nicht für einen Buben!«

Die ärgste Angewohnheit Spöttels aber war, einen Schüler an der Gurgel zu packen, ihn hochzuziehen oder gar, in die Hautfalten verkrallt, bis vors Katheder zu schleppen und dort niederzustoßen; öfter als einmal floß dann das Blut des Gestürzten.

Besonders wütend war er, wenn er uns beim »Federles« erwischte, einem Spiel, das man im Zeitalter des Füllers erklären muß: Man legte die Stahlfedern – immerhin Pfennigwerte – auf die Bank, drückte den Finger drauf und schnellte sie hoch. Fielen sie auf den Rücken, hatte sie der andere gewonnen. Im Eifer bemerkten wir oft nicht, daß uns der Lehrer bereits eine Weile zusah. Plötzlich stürzte der starke Mann wie ein Geier auf uns, packte uns am Hals und schlug uns die Köpfe zusammen.

Um freundlicher zu schließen: ein besonderes Fest war es, wenn er zum Singen die Violine aus dem Schrank holte. So seh ich ihn noch am deutlichsten vor mir: dem Tod, von Rethel, nicht unähnlich, die Geige streichend, längst für mich eine legendäre Gestalt.

Den Schüler – ein paar Primusse ausgenommen – möchte ich kennenlernen, der nie gespickt, amtlich gesprochen, sich eines Unterschleifs schuldig gemacht hat. Die Sorgen und Ängste der Schulzeit nehmen die Erwachsenen durchwegs zu leicht, höchstens daß ein böser Traum sie manchmal in die ferne Vergangenheit zurückschreckt.

In den ersten Lateinklassen mag es ja so gefährlich nicht sein, noch wird es mehr als Lausbüberei geahndet; aber kurz vor oder gar während dem Abs ist es oft ein Todesurteil, wenn man erwischt wird und der Professor mit kalter Höflichkeit den Schüler auffordert, das fast leere Blatt abzugeben und das Zimmer zu verlassen.

Und doch, ohne Spicken wäre ich nie durchgekommen; mit Hilfe von Eselsbrücken habe ich die Abgründe meines Nichtwissens überschritten. Es sei nun ferne von mir, aus meiner reichen Erfahrung gute Ratschläge zu geben; aber vor jenen berüchtigten kleinen roten Bändchen möchte ich doch warnen, die man damals – und vielleicht heute noch? – an einem Gummischnürchen aus dem Ärmel zog und nach – oft vergeblicher – Befragung wieder zurückschnellen ließ. Ich habe immer ein richtiges Lexikon benützt, auf (freilich zitternde) Knie von der Schulbank gezogen. Es gab wenigstens gründliche Auskünfte.

Lieber Leser, erinnere dich: der Spieß stürmt herein: »Blätter austeilen!« Wehe dem, der völlig überrumpelt war. Der Kluge war seit Tagen schon vorbereitet. »Nehmen Sie Ihren Horaz zur Hand, schlagen Sie auf Seite 98, viertes Buch, Ode sieben ...« Ich ergriff jedoch nicht den lateinischen Text, sondern Reclams untadelige Übersetzung, riß das Blatt heraus und vertauschte jetzt erst die Bücher, während schon der Schulgewaltige brillenblitzenden Auges durch die Reihen tobte, da und dort die Blätter schüttelte, um dann wieder, listig den Unbeteiligten spielend, aus dem Fenster zu schauen. Plötzlich stand er vor mir, Gefahr war im Verzuge.

Tieren und wohl auch Menschen ist in der Notwehr vieles erlaubt; und doch schäme ich mich, es zu berichten: ich zitterte, ich schwitzte vor Angst, in tiefer Verzweiflung und leise seufzend schaute ich den Professor an. Solch einem Leid konnte sogar ein Schultyrann, ein Unterschleifschnüffler, nicht widerstehen. Fast gütig riet er mir, die Nerven nicht zu verlieren — und ging vorüber. Ein Verzweifelter konnte doch keinen unerlaubten Ausweg gefunden haben.

Klug genug war ich, ein paar Fehler zu machen oder ein Fragezeichen an die Stelle eines Wortes zu setzen; denn eine tadellose Arbeit hätte nachträglich doch den Verdacht auf mich ziehen müssen.

Die eine oder andere Schulgeschichte habe ich schon berichtet, viele noch könnte ich erzählen; aber ich will den Leser nur noch fragen, ob er, als erwachsener Ehrenmann, den Mut hätte, unter den spähenden Augen des Feindes ein solches Wagnis zu bestehen.

Ettaler Jahre

Der Herr Pater Simon, späterhin mein Lebensfreund und Bischof von Passau, war in Ettal unser Ordinarius, der beste Lehrer, den ich je gehabt habe. Er war streng und gerecht, gütig und überlegen, und schon die Ehrfurcht, die wir vor ihm hatten, hätte uns gehindert, je unvorbereitet in die Stunde zu kommen oder uns gar während des Unterrichts auch nur zu mucksen.

Ich saß ganz vorn in der ersten Bank, und der Pater hatte die Gewohnheit, mit festem Knöchel auf das Holz zu klopfen, um seinen Worten Nachdruck zu verleihen. Nie werde ich mir erklären können, welcher Teufel mich geritten haben mag, ihm, dem schwärmerisch geliebten, bedingungslos angebeteten Mann einen Streich zu spielen. Ich verfertigte aus Draht eine Art spanischen Reiter, mit aufstehender Spitze, und schob ihn, unter einem rätselhaften Zwang, das Böse zu tun, unter seine pochende Faust. Er schlug auf das Pult, zuckte unter dem jähen Schmerz, sah den Stachel zu Boden fallen und begriff meine Untat. Im eigentlichen Sinn begriff freilich er sie so wenig wie ich selber, er schaute mich an, verwundert und im Innersten verwundet, mit einem Blick, vor dem ich hätte sterben mögen. Aber er sagte kein Wort, er fuhr fort in seiner Rede, als ob nichts gewesen wäre, und wirklich schienen die Mitschüler nichts gemerkt zu haben. Ich saß bleich und vernichtet da, ich glaubte, er würde mich nach der Stunde zu sich rufen, aber nein, er ließ mich gehen, und ich ging hinaus und weinte bitterlich.

Ich könnte, ein Siebzigjähriger, den mehr als achtzigjährigen Herrn Bischof darum befragen, aber, wie unbedeutend die Geschichte auch scheinen mag und wie unendlich weit sie ins Vergangene hinabgesunken ist, sie soll ein Geheimnis bleiben zwischen uns, denn erhellen könnten wir sie heute so wenig, wie damals.

*

»Der Pater Hilarius ist ein gemeiner Markenjud!« so schrieb ich aus Ettal an meine Eltern, und ich kann schwören, daß das mit Antisemitismus nichts zu tun hatte. Es war ein Ausbruch der Wut über unsern Präfekten, der, ein leidenschaftlicher Briefmarkensammler, uns Grünhörnern die unscheinbaren altdeutschen Postwertzeichen gegen großartige Exoten getäuschelt hatte, bis wir ihm mit Hilfe eines Katalogs auf die Schliche kamen.

Der Brief wurde, wie üblich, vom Herrn Pater Direktor, Gallus Lamberti, gelesen und zornig zurückgegeben mit der Auflage, einen neuen zu verfassen. Um es kurz zu sagen: Noch nach vier Wochen schrieb ich eine Karte: »Liebe Eltern, mir wurde schon der fünfte Brief zerrissen, weil ich darin mit Recht behauptet habe, daß der Pater Hilarius ein gemeiner Markenjud ist.«

Nichts vermochte meinen Trotz zu brechen, nicht der Entzug der Nachspeise, nicht Vermahnungen und nicht Arreste, nicht die schmähliche weiße Karte für schlechtes Betragen — es gab goldne, rote, grüne und in seltnen Fällen eben weiße. Und meine Hartnäckigkeit war ein seltner Fall. Zuletzt rief mich der Herr Pater Gallus in sein Zimmer, zupfte elegant an seiner Nase und wischte noch eleganter an seiner Soutane herab und eröffnete mir, daß wir beiden Buben einen halben Freiplatz hätten, eine Vergünstigung, die sofort aufhören müßte, wenn ich nicht von meinem Widerspruchsgeist lassen würde. Mich, ein Kind, das von Geld nichts wußte, verließ in diesem Augenblick zwar nicht besagter Widerspruchsgeist, aber alle guten Geister verließen mich — nie wieder in meinem Leben habe ich mich, knirschend vor Wut, aber auch zerknirscht vor Angst, so hoffnungslos vor einem Dämon beugen müssen wie damals.

Den Pater Hilarius begreife ich heute, als alter Sammler, gut — aber dem Pater Gallus, daß ich's nur gestehe, zürne ich noch übers Grab hinaus.

*

Eben dieser Pater Gallus war auch unser Religionslehrer. Ich bin als ein frommes Kind nach Ettal gekommen, das kann ich beschwören. Die wunderbare Kirche, gar im Glanz eines Hochamts oder einer Marienandacht, vermochte mich schier zu Tränen zu rühren.

Aber so jung ich war, so wach war doch auch mein Verstand, und wo es um den ging — und nicht ums Gemüt —, ließ ich mich nicht übertölpeln. Und so kam es eines Tages in der Religionsstunde zu einem theologischen Streit, den ich zwar, als kleiner Schulbub, abbrechen mußte, den ich aber doch, fast möchte ich sagen, leider, fürs ganze Leben gewonnen zu haben glaube; er hat die Grundfesten meines Vertrauens erschüttert und war der Anfang jener aufgewühlten heimlichen Knabengespräche, die fortan sich tief unter dem schönen Schein der Frömmigkeit hinzogen.

»Wenn ein bisher untadeliger Mann«, so belehrte uns der Pater, »eine Todsünde begangen hat, und es fällt ihm auf dem Heimweg ein Ziegel auf den Kopf, so daß er tot ist, ehe er Reue und Leid erwecken kann, so ist er verdammt für alle Ewigkeit. Und keine Fürbitte der heiligen Maria kann ihn vor Gottes unerforschlichem Ratschluß retten. Sie weiß es« – setzte er mit selbstgefälligem Lächeln hinzu – »und wird es auch gar nicht versuchen.«

Sieghaft blickte er in die Runde; alle nahmen es hin, nur ich hob den Finger. Gnädig, seiner Überlegenheit gewiß, ließ mir der Pater das Wort. »Es steht doch auch geschrieben«, sagte ich, freilich etwas unsicher, denn so ganz bibelfest war ich ja nicht, »daß kein Spatz vom Dache fällt ohne den Willen des himmlischen Vaters. Warum läßt er dann den Ziegel auf den Mann fallen?« Ich ahnte freilich nur dunkel, daß ich mit dieser Frage an das düsterste Geheimnis des Christentums gerührt hatte.

Wie es ausgegangen ist, weiß ich nicht mehr. Wahrscheinlich bin ich mit kummervollen Worten ob meines Zweifels abgespeist worden – überzeugt natürlich nicht. Es blieb der Stachel in meiner Brust, der Gerechtigkeit Gottes zu mißtrauen. Zum Glück und Heil meiner Seele sind mir in den vielen Jahren seither auch andere, weisere Hirten begegnet, an denen ich mich nicht habe ärgern müssen.

Während ich noch die letzten zwei Jahre mich durch die Oberklassen des Wittelsbacher Gymnasiums würgte, machte mein älterer Bruder seine Lehrzeit bei Karl Schüler, dem ewig versoffenen Inhaber der großen Ackermannschen Buchhandlung, in der Maximilianstraße durch.

Einer der Bücherabstauber, an literarischem Ehrgeiz freilich alle Lehrlinge weit überragend, war ein junger Jude, Fredy Cohn, genannt Kaufmann, Sohn einer reichen Witwe in der Widenmayerstraße. Natürlich kannte er alle Dichter und Literaten der Stadt, wußte sich wichtig und nützlich zu machen, begönnerte und ließ sich begönnern, wurde von niemandem ganz ernst genommen, aber nach dem schönen Wort: Nützen können dir nur wenige, schaden alle, ließen ihn die meisten gelten, Schriftsteller gar, die so ängstlich drauf bedacht sind, daß ihrem bißchen guten Ruf niemand schadet. Der kleine Cohn vermittelte Geschäfte und Bekanntschaften, auch Berühmte schlugen nicht aus, seine Gäste zu sein in der prächtigen Wohnung überm Fluß, und überdies war er, das erfuhr ich erst viele Jahre später, den Männern zugetan und nicht den Frauen, er gehörte somit dem mächtigsten Geheimbund an, den die Welt kennt.

Ich erfuhr es, wie gesagt, erst nach Jahren, gemerkt hätte ich es nie, man muß mich heute noch, einen alten Mann, mit der Nase drauf stoßen, wie man in München zu sagen pflegt; damals aber, ein Achtzehnjähriger, war ich ein gar tumber Knabe, ein Bauernbub, auch wenn ich ein Großstädter schien, ein »Hausmeisterischer«, wie man die schlecht angezogenen, linkischen jungen Leute nennt. Und meiner Mutter bin ich heute noch, über ein Menschenalter und übers Grab hinaus, ein wenig gram, daß sie, selbst in Dingen der Gesellschaft wohlbewandert, uns Buben so fahrlässig in die Welt schickte und uns vielen peinlichen Demütigungen aussetzte, bis wir uns mühsam, spät und in mehr als einer Hinsicht für immer zu spät, leidlich zurechtfinden lernten.

Damals etwa, im Jahre zwölf, war mein Onkel, der feinsinnige Schriftsteller Gerhard Oukama Knoop, gestorben – zu früh, als daß ich durch ihn die Großen der Zeit, George und Rilke, Thomas Mann und wie sie alle hießen, näher als zu flüchtigem Gruß kennengelernt hätte – und meine Tante schenkte mir, dem er leidlich paßte, den Smoking des Verblichenen und auch die Hemden dazu, mit steifer Brust und, was damals hochmodern war, rückwärts zu knöpfen, während man in die drei blinden Knopflöcher vorn Zierknöpfe zu stecken hatte, Diamanten und Perlen, wer sich's leisten konnte, billige Dinger aus Perlmutter taten es auch.

Aber selbst diese zu beschaffen fand meine Mutter nicht für nötig, aus eignen Mitteln konnte ich sie nicht erwerben, noch als Primaner hatte ich meist keine Mark in der Tasche.

Als ich denn von dem kleinen, überaus geschniegelten und gebügelten Kollegen meines Bruders als angehender Dichter zu einem feinen Abendessen eingeladen war und mich auf den Weg machte, fühlte ich mich in dem in jedem Betracht fremden Gewand reichlich unbehaglich, und der Versicherung meiner Mutter, bei einem jungen Mann nehme man es nicht so genau, mißtraute ich gründlich. Die leeren Knopflöcher waren wie Wunden auf meiner Brust.

Sie wurden denn auch umgehend entdeckt und, in der wohlwollenden Meinung, ich hätte sie vergessen, besprochen; der Abend war mir vergällt. Es waren noch einige andere junge Männer eingeladen, darunter ein piekfeiner Schnösel mit einem Monokel, das er unnachahmlich aus dem Auge fallen zu lassen verstand. Vor ihm hätte ich selbst in einem erstklassigen Schneiderfrack die Waffen gestreckt. Er sprach nicht mit einem, sondern richtete das Wort an ihn, und was mich angeht, mit beispiellosem Erfolg. Denn erst um Jahre zu spät entlarvte ich ihn als eine hohle Witzblattfigur der Art: »Gedicht von Ihnen gelesen, kolossal amüsiert!« damals, ein Tölpel, ließ ich mich von ihm völlig überrumpeln, und seine näselnde Frage: »Novellieren Sie auch?« erschien mir so ungeheuerlich großartig, daß ich, vermeinend, so sprächen die Dichter untereinander, verwirrt ja und nein durcheinander stotterte. Vielleicht wäre ich weniger verlegen geworden, wenn ich gewußt hätte, daß dieses Ekel mich zugleich mit den schamlosen Augen eines Liebhabers ansah; vielleicht aber wäre ich vor Entsetzen davongelaufen, wenn ich auch nur einen Schimmer davon gehabt hätte, was dieses Eindruck schindende, seltsam vertrauliche Getue bedeuten mußte.

Ich weiß nur mehr, daß der große Novellist, von dem dann nie eine Zeile zu lesen war, den Plan einer Erzählung entwickelte, mit der er Heinrich Mann den Lorbeer zu entreißen gedachte. Sie hieß »Die verratene Göttin« und betraf einen jungen Mann in besten Verhältnissen, der in seinem wohleingerichteten Arbeitszimmer eine lebensgroße Venus aus echtem Marmor stehen hat, welche sein bisheriges Liebesideal verkörpert; er wendet sich von diesem jedoch ab; von Gewissensbissen gepeinigt, umschlingt er die Füße der Göttin, sie möge ihm ein Zeichen geben. Infolge der immer dringender werdenden Beschwörungen strauchelt er, ja, er kommt zu Fall, und das wankende, das stürzende Standbild erschlägt ihn.

Alle Anwesenden zeigten sich begeistert, und auch ich, der doch immerhin schon einiges gelesen hatte, war tief beeindruckt; ich hatte an der Geburt der Tragödie unmittelbar teilnehmen dürfen: So also, dachte ich neidvoll, entwerfen die Zwanzigjährigen mit sicherer Hand ihre erfolgreichen Werke.

Der Rest dieses ersten literarischen Ereignisses meines Lebens ist in Dämmerung gehüllt. Nach dem Krieg, den er mit allerhand Krankheiten zu überbrücken wußte, ging

Fredy nach Berlin und wurde als Starter des Jockei-Klubs halb weltberühmt – ich habe nie wieder was von ihm gehört; nur in der überspitzten Zeitschrift »Der Querschnitt« sah ich einmal sein Bild, als einen rechten Zierbengel, in Frack und Zylinder – er hatte sichtlich umgesattelt, den Pegasus zu reiten oder auch nur als Stallbursche zu pflegen, trieb es ihn nicht mehr.

Ich will ihm aber doch ein freundlich-dankbares Andenken bewahren, denn ich habe späterhin auch Dichter wie Klabund oder Bruno Frank durch ihn kennengelernt, die meinen ersten Schritten liebevolle Begleiter waren.

Verfehlte Drohung

Der Hanslbauer in Haslach hat fünf Kinder; der älteste Bub war bei den Benediktinern in Metten, ungern genug, jetzt ist er gar im Abitur durchgefallen, er traut sich nicht mehr heim, in München hat er sich wo verkrochen. Die Tochter ist im Kloster Indersdorf und vergeht schier vor Heimweh. Zuhaus sind noch zwei kleine Mädeln und der neunjährige Isi. Zu dem sagt die allgewaltige Oberdirn: »Geh zua, Isi, die Gäns brauchen Brennesseln, und d'Henna müssen aa g'futtert wern!« Der Isi sträubt sich: »Gel«, sagt er, »die andern derfen fort, aber i sollt dahoam die ganz' Arbat macha!« – »Was?« schreit die Dirn, »oa Wort no wennst sagst, derfst aa fort, zu die Pfarrer in Freising!« Und blitzschnell verschwindet der Isi und tut alles, was ihm angeschafft ist, so eifrig wie noch nie...

Nachhilfe-Unterricht

Bekannte von uns hatten durch Herumfragen einen Nachhilfelehrer für ihren Sohn gesucht. Und da kam ein kleinwinziger Knirps an, läutete an der Tür — die Frau des Hauses ahnte nicht, was er wollte. »Es ist wegen der Nachhilfestunden«, sagte er, so dreist wie schüchtern. »Das ist ein Mißverständnis«, meinte die Frau begütigend, »wir suchen selbst einen Nachhilfelehrer für unsern Sohn.« — »Ich weiß schon«, piepste der Knabe, »in die wievielte Klasse geht der denn?« — »In die vierte!« — »Schade, dann ist es nichts für mich, ich gehe erst in die zweite!« Und sich zum Gehen wendend, meinte er noch bedauernd: »Wenn er in die dritte gegangen wäre, das hätte ich noch gepackt!«

Zauberer

Nur eine Akten-Notiz will ich schreiben über die verschiedenen Zauberer, die mir begegnet sind. Ich war noch ein Kind, als ich eine indische Truppe sah, die das Seil warf, daß es in der Luft stand, und die einen Korb, in dem ein lebendiges Mädchen lag, mit langen Messern scheinbar wahllos durchstieß.

Viele Jahre später wurde Ärzten und Zeitungsschreibern ebenfalls von Indern, Mann und Frau, ein erregendes Schauspiel geboten, gruselig, ja widerwärtig zum Teil — das öffentliche Auftreten wurde dann auch nicht erlaubt. Mann und Frau durchstachen Hals, Arme, Beine mit langen Nadeln, brachten sich Schnittwunden bei, die sie durch einfaches Kneten der Haut wieder völlig verschwinden ließen. Die Frau hielt einen Apfel auf der flachen Hand, der Mann schlug mit zwei blitzschnellen Säbelhieben ein Viertel aus der Frucht. Zuletzt griff der Mann in die Augenhöhle und zog das Auge weit heraus —

alles von wenigen Menschen aus nächster Nähe genau zu beobachten.

In einem kleinen, kümmerlichen Wanderzirkus ließ sich der verhärmte, ja schwindsüchtig wirkende Herr Direktor und Alleinunterhalter auf der bloßen Brust große Felsbrocken mit dem Vorschlaghammer zertrümmern — und die Bauernburschen, die er dazu einlud, schlugen grausam zu — unvergeßlich, wie der Mann keuchte, wie ihm seine verfallene leidvolle Frau im lächerlichen Flitter den Schweiß und die Steinsplitter aus dem Gesicht wischte. Zauberhaft allerdings war das nicht — aber heut noch ist mir's unbegreiflich.

Von den eigentlichen Zauberkünstlern brauche ich wohl nichts zu erzählen, ob nun der berühmte Schichtl auf der Wiesen eine lebende Person zersägte oder Bellachini die Kaninchen dutzendweise aus dem Zylinder zog. Der größte Illusionist war ein Holländer, der unter dem Namen Okito als Chinese reiste und mir unter vier Augen manchen Trick verriet. So das Rundseil, das man zerschneidet und wieder ganz macht (in Wirklichkeit zerschnipfelt man nur ein dazu geschmuggeltes Seil-Endchen) oder die berühmte schwebende Kugel, von der jeder Pfiffige weiß, daß sie aufgehängt ist. Sie schwebt aber in einer Spirale, so daß der Zauberer, von einem mißtrauisch-empörten Zuschauer dazu aufgefordert, lächelnd mit dem haarscharfen Säbel darüber hin, darunter her und kreuz und quer fuchteln kann.

Am lustigsten sind die Magier, wenn sie zu ihrem eignen Vergnügen zaubern. Besagter Okito erzählte mir von Fahrten in D-Zügen, wo er ganz inkognito und als harmloser älterer Herr reiste, aber plötzlich zwei Zigarren rauchte oder den Hut mit einem Stips auf den Haken beförderte. Die Mitreisenden trauten ihren Augen nicht — höchste Zeit, mit den Scherzen aufzuhören: die Ungewißheit, ob man sich nicht doch getäuscht habe, juckt am ärgsten.

Ein Gedenken sei hier eingefügt an einen Kleinmeister der Schwarzkunst, an Derka Hartung, ich kannte ihn viele Jahre, zuletzt sah ich ihn noch in einem der übervollen Züge an die Ostfront, seither ist er verschollen. Er gab mir und meiner Frau manches bezaubernde Privatissimum, mit und ohne Lösung des Rätsels — Geheimnis ist es ja keins! — und ich sah, wie vielfältig (und doch oft so einfältig) die Mittel sind, deren sich sogar die Erzzauberer bedienen, vom technisch-chemischen bis zur dreisten Ablenkung im entscheidenden Augenblick, von der lustigen Lüge bis zur kecken Wahrheit, auf die man erst recht hereinfällt, weil man sie nicht glaubt. Mein Freund Derka war zeitlebens ein armer Teufel, Geld zaubern konnte er nicht; aber durch weite Länder Südamerikas ist er gekommen, ohne Sprachkenntnisse und ohne einen Peso in der Tasche — eben als Taschenspieler. In Herbergen und an Lagerfeuern fing er, der unbeachtete Fremdling, still vor sich hin zu zaubern an, zuletzt hatte er ganze Dörfer samt Gendarmen und Bürgermeister so verblüfft und begeistert, daß sie ihn gar nicht mehr fortlassen wollten.

Daß ich's nur gestehe, ein bißchen kann ich auch zaubern. Das haben wir Buben zum Teil von unserm Vater gelernt, der eine Orange so überzeugend aus dem fahrenden Zug werfen und wieder hereinholen konnte, daß mein Bruder im besten Glauben an solche Künste den neuen Hut hinterherwarf. Natürlich hatten wir auch die billigeren Nummern des »Zauberkönigs« erworben, falsche Finger und magische Eierbecher, aber längst begnüge ich mich mit einer Zündholzschachtel, die ich, heimlich in den Handrücken geklemmt, im Zwielicht auf- und niedersteigen lasse, oder ich reiße mir, »ohne Vorrichtung, ohne Apparat«, kurz entschlossen den Daumen aus. Am ergiebigsten sind ja ohnehin jene Kinder-Jahre der schönen Täuschungen, wo wir atemlos vor Staunen den »Hansl« davonfliegen und die »Gretl« wiederkommen sahen, nicht ahnend, daß die auf den Tisch gelegten, mit einem bunten

Fetzchen beklebten Zeigefinger im Hui mit den Mittelfingern vertauscht wurden.

Noch habe ich die eigentlichen, die echten Zauberer nicht genannt. Dem Baron Schrenck-Notzing bin ich, bei Schillers Urenkel, dem Freiherrn von Gleichen, oft begegnet, er schien mir immer selbst ein Materialisationsphänomen von müdester Auflösung. Um ihn und seine teils entlarvten, teils verdächtigen Medien ist es still geworden, sein dickes Buch ist verschollen, und vielleicht bleibt er nur durch seinen Kronzeugen Thomas Mann im Gedächtnis.

Auch über jene ganz andersgearteten Magier, die Hypnotiseure, hat Thomas Mann das beste und gültigste geschrieben: »Mario und der Zauberer« — und neben der Meisterschaft, mit der er den Ablauf einer solchen Veranstaltung geschildert hat, kann sich so leicht nichts hören lassen.

Hypnose war ja wohl auch, seit ältesten Zeiten, das Rüstzeug der Zauberer, sie mochten es noch so tarnen und entwichtigen. Heute sind derlei Vorführungen öffentlich kaum mehr zu sehen, nach dem ersten Krieg, bis in den Anfang der dreißiger Jahre, waren die »Hellseher« und wie sie sich nennen durften, ihres Zulaufs sicher. Auch den berühmt-berüchtigten Hanussen habe ich damals gesehen.

Häufig begannen sie ihre Vorstellungen damit, daß sie die ganze Versammlung aufforderten, die Daumen zu drehen — dann gingen sie beschwörend durch die Reihen: »Sie können nicht mehr aufhören! Sie können nicht mehr aufhören!« Und wirklich blieb da und dort ein armes Fischlein im Zaubernetz hängen, und der Magier wußte gleich, an wen er sich würde zu halten haben.

Die Versuche sind bekannt: die aufs Podium Gerufenen aßen Äpfel als Zwiebel, schrieben ihre ungelenke Kinder- und die künftige zittrige Greisenschrift, liefen vermeintlichen, fortrollenden Goldstücken nach und spielten die längst verlernte Appassionata in die Luft.

Dergleichen ging noch an; aber der dämonische Mann ließ junge Mädchen schamlos einen Floh suchen und erzwang von würdigen Herren unerwünschte Geständnisse — bis eines Tags der faule Zauber kurzerhand polizeilich verboten wurde. Jüngere Menschen kennen dergleichen nur noch vom Hörensagen.

Auf dem Eise

Von Zeit zu Zeit frieren selbst die großen bayrischen Seen zu, beileibe nicht alle Jahre; die scharfe Kälte allein tut's nicht, windstill muß es sein, und im Grunde weiß niemand so recht, was alles zusammenhelfen muß, damit das Naturereignis eintritt. Manchmal schneit es während des Frierens, dann liegt eine gewaltige weiße Fläche da, und trotzdem erscheinen die Entfernungen geringer, so wird's wohl gewesen sein, als der Reiter überm Bodensee dahintrabte und vor Staunen über sein unfreiwilliges Wagestück am andern Ufer tot vom Pferde sank. So fürchtig sind die Leute in Bayern nicht, sie treten Trampelpfade in den Schnee und wandern schnurgerade von Tutzing nach Ammerland oder von Herrsching nach Dießen, Strecken, die bei offenem Wasser mühsames Rudern verlangen oder gar den meilenweiten Umweg um den halben See herum. Und erst, wenn das Eis aufgeht, werden sie vorsichtig, und der und jener, von der Bequemlichkeit verlockt, denkt sich, er versucht's noch einmal, und dann bricht auch einmal einer ein, und die Uferbewohner hören die halbe Nacht schreckliche Schreie, weit draußen; ein bärenstarker Mann, wie der Doktor Paulus einer war, gibt's so schnell nicht auf, aber dann muß er's doch sein lassen und sinkt ins große Schweigen hinunter.

Wenn hingegen klares Wetter ist, gibt es blankes Spiegeleis, mit zierlichen Kristallflocken darauf. Schräg über die Fläche hin schaut es aus wie beschneit. Blickt man senkrecht in die Tiefe, zerstreuen sich die wunderlichen Gebilde, nur noch als einzelne Sternchen sitzen sie auf dem dicken Glase, dem grünlich klaren, das bald von Adern und Sprüngen durchsetzt ist, wie angeschlagen, bald von silbernen Schlieren gesprenkelt, oft aber so rein und unverletzt, daß man den Buckel eines feisten Karpfens durchschimmern sieht, oder grünes Schlinggewächs, das bis an die Oberfläche heraufsteigt.

Dann fanden selbst stumpfe Spießer, die noch nie im Leben so große Worte im Munde geführt haben, dieses Naturwunder phantastisch und märchenhaft, die dichterischen Gemüter aber glaubten mit Gottfried Keller, dicht unter ihren Füßen die Nixe am grünen Eis hintasten zu sehen, ihre weiße Schönheit, Glied um Glied.

Uns Buben traf damals die Nachricht von den zugefrorenen Seen mit Zaubergewalt. Der alte Hausfreund Doktor Billinger, der uns Sonntag für Sonntag in die Umgebung sprengte, auch wenn wir lieber hinter unsern Büchern und Briefmarken sitzen geblieben wären, rüstete zur Fahrt, der Vetter Max kam mit, und sogar der Vater, der sonst selten Zeit fand, hatte seine rostigen Schlittschuhe vom Speicher geholt, über Nacht waren sie in Petroleum gelegt und dann kräftig geputzt worden. Die Mutter aber, ohnehin die beste Eisläuferin von uns allen, freute sich mit uns, wenn sie auch den Doktor närrisch fand, der in seiner altfränkischen Weise während der ganzen Bahnfahrt Klopstocks Ode »Der Eislauf« vorsprach, vom Wasserkothurn schwärmend und des Kristalls Ebene, die uns bald nun winken sollte.

Es war ein blitzender Tag, aus Frost leicht und kühn gebaut, schwereloser, als je im Sommer einer hätte sein können, die Alpen schwebten bläulich in der goldnen Luft, und die Fläche des Sees glitzerte in Trillionen von Kristallen.

Wir schraubten unsere Schlittschuhe an und betraten

das Eis, das glasklare, das glasspröde, wir blickten in die schwärzliche Tiefe. Ein unheimlich singender Ton ließ uns aufhorchen, es knackte und knisterte über den weiten Spiegel hin, als wäre er mit Blitzen geladen, und wirklich fuhren auch blitzschnelle Adern von feinen Sprüngen unter uns dahin, ungeheure Spannungen ruckten und zerrten, ein Knall tönte wie ein scharfer Schuß, und hohl und gräßlich donnerte es aus den gefesselten Abgründen herauf.

Der Doktor schnitt, Arm in Arm verschränkt mit meiner Mutter, herrliche Bögen, mein Vater verbarg sein Unvermögen hinter lehrhaften Betrachtungen und endlosen Reparaturen seiner patentierten Klappschlittschuhe, am Ufer sitzend, und wir Buben traten bereits den Rückzug an. Es war nichts mit unsern Kunststücken, die stumpfen Eisen glitten am Blanken ab, am Gläsernglatten. Und, rund heraus gesagt, wir hatten Angst. Fürs erste forschten wir am Ufer entlang, wo, schilfdurchwachsen, rauhgrünes, körniges Eis sich erstreckte.

Indem wir uns dort herumtrieben, tönte schon der gurgelnde Schrei unseres Vetters; er war eigenbrötlerisch für sich allein dahingeschlittert und in die Nähe einer Bachmündung geraten, wo das Eis dünn und wahrscheinlich das Wasser sogar offen war. Zum Glück schien er Grund unter den Füßen zu spüren; ehe wir, die ihm kaum hätten helfen können, die Erstarrung des Schreckens abgeschüttelt hatten, war er, leichte Platten wie Fensterscheiben zerschlagend, ins Seichtere vorgedrungen und zog sich nun, wild um sich krallend, an eingefrorenen Binsenresten vollends heraus.

Jetzt ging alles sehr schnell. Mein Vater half dem völlig Durchnäßten der Schlittschuhe sich zu entledigen, der Doktor und meine Mutter flogen im Zauberschwunge herbei, in Eile schraubten wir alle unsre Eisen ab und trabten dem nahen Dorf zu. Geredet wurde nicht viel; der Vetter, zuerst noch leidlich munter, begann zu vergletschern, er lief in erstarrenden, knirschenden Kleidern und suchte, teilnehmend gefragt, vergeblich mit schnatternden Kiefern zu beteuern, er friere nicht.

Das Wirtshaus war ein elender, muffiger Bierausschank, aber tatkräftig und umsichtig sorgte meine Mutter für ein Zimmer und ein Bett, das freilich gähnte vor feuchter Kälte. Wirt und Wirtin waren eifrig, frischten das Feuer im Herd, machten Steine heiß, zündeten das Öfchen an; aber der Vetter, zähneklappernd, konnte sich nicht erwärmen. Der Doktor bestellte beim Wirt einen starken Glühwein, jawohl, einen Glühwein, nickte der Wirt, gleich werde er es der Frau sagen. Die Mutter lief mit mir zur Krämerei, Unterwäsche zu kaufen. Die Frau, obwohl wir ihr den Fall rasch und deutlich erklärten, äugte mit unerschüttertem Seelenfrieden hinter ihrer Brille hervor, sie hätte gern Ausführlicheres gehört und begriff unsre Eile nicht, während sie laut überlegte, ob sie überhaupt etwas Geeignetes habe und wenn, wo? Endlich kam sie mit einem Flanellhemd, wie ich es nur auf der Oktoberwiese vor der Bude der Riesendame gesehen hatte, wo es die Besucher von den Fleischesmassen seiner Trägerin überzeugen sollte, und mit einer Unterhose, die seit dreißig Jahren unverkäuflich war, weil selbst die stärksten Männer der Gegend sich nicht zutrauten, sie auszufüllen. Wir aber in unserer Not griffen zu und liefen, unter dem herzlichen Wunsch der Frau, sie bald wieder zu beehren, schleunig davon.

Der Glühwein war immer noch nicht gebracht worden, als wir ankamen. Also ging die Mutter in die Küche hinunter, mit Nachdruck zu fragen, wo er, der wirklich heiß ersehnte, so lange bleibe. Ja, der Glühwein, meinte auch der Wirt besorgt-geschäftig und schob mit einem Kopfheben seiner Frau die Verantwortung zu. Die Wirtin ihrerseits aber gab den Vorwurf zurück, drohend den Mann fragend, was denn mit dem Glühwein sei. So ging es noch zwei-, dreimal hin und her, bis die Wirtin sich ein Herz faßte: Sie hätten in der ganzen Nachbarschaft herumgefragt, was denn das sei, ein Glühwein, aber niemand hätte es ihnen sagen können.

Endlich dampfte das heiße Getränk, der Vetter taute auf und wurde leidlich trocken angezogen.

Es war beißend kalt, als wir zur Bahn gingen, auch uns Buben, die wir gar nicht ins Wasser gefallen waren, fror es erbärmlich. Die Schlittschuhe klirrten eisig; auf den See, über den bläuliche Abendschatten fielen und aus dessen verdämmernder Weite das Krachen prallenden und berstenden Eises scholl, warfen wir kaum einen Blick. Frost stieg aus der Erde, Frost fiel vom Himmel. Kaum, daß wir im geheizten Zug uns wieder erwärmten. Nie mehr seitdem sind wir auf einem der großen Seen Schlittschuh gelaufen.

Eine Storchengeschichte

Störche standen in unsrer Kinderzeit noch viele auf den Wiesen und an Weihern, sie klapperten von den steilen Dächern der Dörfer und kleinen Städte; aber daß ihrer mehr als ein Dutzend über die Gassen hinflog, das war auch damals, um die Jahrhundertwende, ein ungewohntes, herrliches Schauspiel und des Alarms wert, der von Haus zu Haus ging und uns Kinder auf die Speicher trieb, durch deren Luken wir die riesigen Vögel rauschend nah an uns vorüberschweben sahen. »Die Störche! Die Störche!« riefen wir aufgeregt einander zu und deuteten auf den wunderbaren weißen Zug am tiefblauen Himmel, der nur allzurasch der begrenzten Sicht aus der Dachöffnung entschwand.

Sollte sich da ein Bub von elf Jahren begnügen mit so flüchtigem Blick, wo doch ein Schwung auf das Dach selbst eine lange und ungehinderte Sicht auf die atemberaubenden Flugspiele der Störche verhieß? Die Speicherluke stand offen im Sommer, das Fenster, sonst von drei Flügelschrauben gehalten, lehnte am Kamin. Oft schon waren mein Bruder und ich mit Hilfe eines Schemels durch die halbkreisrunde Öffnung geschlüpft — gerade heute, wo es auf jede Sekunde ankam, war der Schemel nirgends zu sehen: was tat's, als guter Turner gedachte ich's auch vom Boden aus mit Schwung zu machen, ich griff nach dem in Augenhöhe stehenden Fensterbrett mit beiden Händen und sprang.

Ich spürte einen gewaltigen dumpfen Schlag auf die Schädeldecke, ich hörte, im Taumel, ein knirschendes Geräusch, mit einem Wehlaut glitt ich auf den Boden zurück, ich griff mir an den brausenden Kopf — da rann schon das Blut. Wieso Blut? dachte ich, strömendes, unstillbares Blut, durch die Finger hindurch, die Haare herab, übers Gesicht, in den Hals hinein, Blut auf den Kleidern, am Boden, schwer hingetropftes, dunkles Blut.

Mein Bruder und ein Vetter, die jetzt erst heraufgestürzt kamen, sahen mich so stehen, vor Schmerz gekrümmt, blutüberronnen. Mein Bruder begriff es zuerst; ein Blick auf die Luke zeigte es ihm — ich war mit voller Gewalt in die obere, scharfgeschmiedete Flügelschraube, in die Fensterreibe, wie wir sie nannten, war ich hineingesprungen. Und jetzt fühlte ich's auch, durch den dicken Haarschopf: die Kopfhaut war aufgeschlitzt, wer weiß, wie weit, ich wollte es lieber gar nicht wissen. Bruder und Vetter standen ratlos herum, kramten nach ihren Taschentüchern, verzichteten jedoch nach ihrer Besichtigung, sie mir als erste Hilfe anzubieten.

Ich lief, eine Blutspur hinterlassend, durch das Haus, in die Küche hinunter, jammernd sah die alte Magd das Unglück. Handtücher holte sie eilig, ein mürbes Bettlaken zerriß sie herzhaft zu Binden — vergebens: aus dem dick umwickelten Kopf suchte das Blut seine Bahn, rann über Augen und Nase, netzte die Kleider, klebte an den Händen.

Welch ein Glück, daß gleich gegenüber ein junger Arzt erst vor kurzem seine Praxis eröffnet hatte. Zu dem führte mich mein Vetter hinüber, taumelig war ich und halb blind, aber das sah ich, daß der Vetter grasgrün war vor Angst, als er die Glocke zog. Es währte eine Ewigkeit, bis die Frau Doktor aufmachte; sie war eine farblose Person, unbeholfen und ahnungslos. Ihr Mann, nein, der sei nicht zu Hause, eine Stunde könne es wohl dauern, bis er zurückkäme; wir sollten derweilen ins Wartezimmer gehen. Und sie öffnete die Tür zu einem düstern Raum.

Das Blut sickerte und tropfte; ich war als elfjähriger Bub gescheiter als die Frau, entschlossener als der Vetter, der schon folgsam auf einem Holzstuhl Platz genommen hatte. Ich lief davon, lief, den Vetter hinter mir lassend, die heiße Straße hinauf gegen den Marktplatz zu, und ohne Besinnen, damit nicht vorher der Mut mich verließe, stürzte ich in den Laden des Friseurs und approbierten Baders — wie hieß er denn nur? —, der zum Glück anwesend war und bei meinem Anblick einen halbrasierten Kunden mitten im Seifenschaum sitzen ließ.

Der kundige Mann, der gewiß schon manchem Bauern, der sich auf dem »Gillamoos«, dem Jahrmarkt, Hieb oder Stich zugezogen hatte, mit sanfter Gewalt hilfreich gewesen war, machte auch mit mir nicht viele Umstände, er wickelte mir die Verbände ab, pfiff zwischen den Zähnen und schabte mir zuerst eine schöne Mönchstonsur, ehe er sich, drückend und waschend, mit der Wunde selbst befaßte. »Des wer'n ma' nahn müassen!« sagte er, pfiff abermals und kramte ein verdächtiges Besteck hervor.

Mir war sehr kläglich zumute, aber ich biß die Zähne zusammen und richtete den starren Blick nach draußen, wo mein Vetter stand und stier durch die Auslage auf mich hereinglotzte, über ein Glas mit Blutegeln hinweg, denen ich eine krampfhafte Aufmerksamkeit widmete. Sieben Nadeln, schön eine nach der andern, zog mir der Bader durch die knirschende Schwarte.

Wohlverbunden, jodbepinselt und karbolduftend verließ ich den Meister, dem ich mich freilich, wenn auch nicht mehr so schmerzhaft, noch oft und oft anvertrauen mußte.

Meine Mutter war während dieses Ereignisses in München gewesen, wir erwarteten sie, acht Tage später, auf dem Bahnhof. Wir hatten einen Eid getan, ihr nichts zu erzählen; aber sie schnupperte gleich herum, und unsre dreiste Beteuerung, wir röchen nichts, half wenig; als sie mich fragte, ob ich Spatzen unter der Mütze hätte, mußte ich mit der Sprache herausrücken: »Spatzen nicht, aber Störche!« sagte ich, tat die Mütze herunter und beichtete, so beiläufig es sich nur machen ließ, die ganze Geschichte.

Der Kelheimer Fürstentag

Wer, wie ich, noch im Ausgang des vorigen Jahrhunderts geboren ist, der hat wenigstens den letzten Zipfel einer Welt erhascht, die uns heute schier unglaubwürdig erscheinen muß. Ist doch die »gute alte Zeit« in langsamen Strömen aus dem Biedermeier bis an die jähen Klippen des Ersten Weltkrieges geflossen, haben Jahrzehnte damals ihr Gesicht weniger verändert, als seitdem Jahre, ja selbst Tage.

Denke ich gar meines Vaters, der 1950 vierundachtzigjährig gestorben ist, dann erschrecke ich vor so viel persönlich erlebter Geschichte, ganz zu schweigen von seinen immerhin noch unmittelbaren Erinnerungen an Ludwig II., Bismarck, ja den Einzug der siegreichen Truppen, 1871. Den Krieg von 1866 freilich hatte er, kurz vorher geboren, selbst nur als »Einjähriger mitgemacht«, wie er im Scherz sich ausdrückte. Doch habe ich mir, ein halbes Jahrhundert und länger hernach, von manchem

Kriegsteilnehmer, wie dem Doktor Georg Hirth, noch viel aus jener Zeit erzählen lassen.

An festlichen Ereignissen hat es in München vor dem Weltkrieg nicht gefehlt, es sei nur der Grundsteinlegung des Deutschen Museums gedacht, wo ich den Kaiser aus nächster Nähe sah, mitten in militärischem Glanz und großbürgerlicher Würde. Den höchsten Punkt aber, den Schwanengesang des alten Deutschen Reiches und seiner sechsunddreißig Herrscher erlebte ich im Sommer 1913, als ich, ein Achtzehnjähriger und wohl der jüngste Berichterstatter, dem Fürstentag in Kelheim beiwohnen durfte.

Damals hatte die Stadt München als eine großartige Neuerung Omnibusse mit einem offenen Oberdeck angeschafft, und mit einem solchen blitzblauen Fahrzeug rumpelten wir die Ingolstädter Landstraße hinaus, wir Jungen natürlich hoch droben. Man hatte jedoch nicht bedacht, daß zu beiden Seiten der Straße Apfelbäume gepflanzt waren, und deren Zweige, vom fahrenden Omnibus wie eine Schleuder gespannt, schnellten über die ungeschützte Plattform und schütteten Hagelstöße der unreifen Früchte über uns.

Das war aber vermutlich das einzige, was man zu erwägen versäumt hatte, denn im übrigen war alles bis in die winzigste Kleinigkeit geregelt; galt es doch der Sicherheit einer Versammlung von gekrönten Häuptern, wie sie seit Versailles (1871) nicht wieder zu sehen gewesen war. Jeder von uns, auch der Wagenlenker, führte einen ganzen Packen von Ausweisen mit sich, von denen einer sich auf den andern bezog. Selbst die Geheimpolizisten, ja sogar die Schutzleute in Uniform mußten Bescheinigungen vorzeigen, daß sie echte Beamte waren; damit nicht genug, brauchten sie noch Papiere, aus denen einwandfrei hervorging, daß die Pässe, mit denen sie sich auswiesen, nicht gefälscht waren.

Die ganze Umgebung, das Städtchen, die Donau- und

Altmühlufer waren durchsetzt von Spitzeln, die aufeinander aufpaßten; der Berg war seit Wochen von Pionieren bewacht, die ihn sowie die Befreiungshalle selbst beklopften und behorchten, ob nicht doch eine Sprengladung in Schlüften und Kammern verborgen sein könnte; und Bezirksamtmann Narziß, ein Freund unsrer Eltern, mag selbst in Afrika, wo er lange Jahre Dienst getan hatte, nicht so geschwitzt haben unter der Tropensonne, wie in diesen zwei, drei Tagen als Verantwortlicher unter der Zwangsvorstellung, daß irgendwo mit Donnergepolter ein Kaiser und ein paar Könige in die Luft flögen.

Im übrigen ließ auch die Sonnenhitze im Städtchen Kelheim nichts zu wünschen übrig; wer es kennt, der weiß, daß das gemütliche alte Nest rund wie ein Kuchen daliegt, von den zwei sich kreuzenden Straßenzügen in saubere Viertel aufgeteilt. Der eine Straßenzug nun wurde während der Festtage einfach durch eine Mauer von lebendigen »Leibern« abgesperrt, so daß die Bürgerschaft in zwei Lager gespalten war, selbst Verliebte nicht zueinander kommen konnten und es unmöglich war, das Bier über die Gasse zu holen. Ein heißer Männergeruch, wie wir ihn dann im Kriege Jahre lang atmen sollten, erfüllte die Stadt, der bayrisch-blaue Wall stieg hinauf in die grünen Laubhaine des Michaelsberges, bis an die Stufen der Befreiungshalle, die, aus honiggelbem Marmor, in edlen Massen schimmernd, überall, oft unvermutet, über den alten Giebeln emporragte.

Besonders gut wurden natürlich die maikäferhäusl-kleinen Tore bewacht und die Brücke, auf der schon einmal, wenn's auch fast siebenhundert Jahre her war, ein Wittelsbacher Ludwig ermordet worden war.

Der Fürstentag jedoch, gleich sei's zur Beruhigung gesagt, verlief ohne Zwischenfall. Das Volk murrte wohl ein wenig, hinter der dreifachen Wand des Spaliers auf den Zehen tänzelnd, und auf Hockern und Leiterchen turnend, aber zu schauen gab es trotzdem genug bei dieser Abschiedsvorstellung des alten Europas. Wollte ich die Uniformen und Galakleider alle einmal aufzählen, ich müßte in verschollenen dicken Büchern erst nachschlagen, und ob sie dort verzeichnet wären, ist noch die Frage. Daß der Prunk einer alten Zeit mit seiner Erhabenheit gelegentlich schon das Lächerliche streifte, bewies mir die Auffahrt eines, wenn ich mich recht erinnere, Fürsten Fugger-Glött, der in einem weinroten Staatsgewand krötenfett schier aus seiner Chaise heraushing und, wohl ein Mann von Humor, für die brausenden, von Spottgelächter unterströmten Kundgebungen mit heiterem Gesicht und leutselig watschelnden Händen dankte.

Die Feier selbst, droben im festlich geschmückten Rundtempel, war von edelster Kraft. Der klassische Bau in romantischer Landschaft ist ohnehin von seltsam tiefgreifender Wirkung. Eine mächtige, farbige Woge von Menschen – der politische Zweck trat völlig gegen das Schaubild zurück – wallte die Stufen empor, ergoß sich in die schweigende, von Erz und Marmor kalt glänzende Halle.

Und plötzlich, wie von einem andern Stern herab, klang aus der Höhe Musik, Hände in Harfen, eine dunkle Stimme sang eine Weise von Händel. Der ungeheure Raum, der schon die mißtönendsten Laute in reines Silber verwandelt, warf die herrlichen Töne mit Zaubergewalt zurück; und nach einem Menschenalter, in dem die innigsten und großartigsten Anrufungen mein Herz trafen, erinnere ich mich dieses Erlebnisses so klar, daß ich nur die Augen zu schließen brauche, um mich von der ganzen süßen Gewalt jener Töne durchströmen zu lassen.

Die übrigen Einzelheiten des Festakts habe ich vergessen. Ich sehe nur noch den Kaiser in der Gardeuniform mit dem blinkenden Helm vor mir, wie er in stolzer Pose, aber den kurzen Arm kaum verbergend, mit seinem glänzenden Gefolge aus der Halle trat und die Stufen hinab an die Rampe stieg; wobei, um dem Ernst das

Satyrspiel folgen zu lassen, Ludwig von Bayern, auch an diesem Ehrentag in General-Korkzieherhosen, Mühe hatte, mit seinem adlerblickenden, überstramm dahinstiefelnden Gast Schritt zu halten.

Die Rundsicht von dort oben ist unvergleichlich; die Donau bricht durch die weißgrauen Jurafelsen, von Weltenburg her, die laubgrünen Kuppen verlaufen sich ins flache Land. Und tief drunten das fahnenbunte, menschenwimmelnde Städtchen Kelheim. Nur einen Makel hatte damals schon die Gegend aufzuweisen — Ludwig I. würde sich bei dem Anblick im Grab umgedreht haben, heute freilich würde er nur noch müde abwinken — die Zellstoff-Fabrik. Ihren stinkenden Qualm hatte sie allerdings für die paar Tage nicht von sich geben dürfen; aber die ganze Anlage wirkte wie die Faust aufs Auge. Und so war man höheren Orts auf den pfiffigen Gedanken gekommen, alles zu tarnen — vierzig Jahre vor den nicht minder kläglichen, aber kostspieligeren Rezepten, die Flieger irrezuführen. Der schlaue Versuch scheiterte auch damals schon elendiglich. Ein Wald war umgehauen worden, um mit grünen Zweigen das verschandelnde Werk zu verhüllen. Aber zwischen Ausführung und Wirksamkeit lagen drei glühende Augusttage, und der wirre Haufen mißfarbenen dürren Laubes sah noch häßlicher aus und zog, gleich einem schlecht verhohlenen Fleck auf einem sauberen Tischtuch, teuflisch alle Augen auf die verwünschte Stelle.

Die Festtafel, die in einem reich geschmückten Bretterhaus auf grünem Wiesenplan aufgeschlagen war, durften wir natürlich nur als Zaungäste flüchtig betrachten — die Wittelsbacher hatten als reiche Wirte ihr kostbarstes Silber und ihr berühmtestes Porzellan herbeigeschafft, und wir blickten in ein beispielloses Blumenwuchern, in einen fast wilden Prunk von Aufsätzen und Schaugerichten.

Noch einmal, vor ihrem so unverhofften Ende, tranken

die Kaiser, Könige und Fürsten einander zu; wir Zeitungsschreiber aber, selbst wenn uns wer eingeladen hätte, mitzuzechen und zu schmausen, hätten nicht Zeit gehabt, es zu tun, fiebernd tauschten wir Namen und Eindrücke, schon unterwegs in die Stadt und zu den Omnibussen. Wir mußten uns an das Kaiserwort halten, daß die Wurst am besten aus der Faust schmeckt und froh sein, in dem ausgefressenen Kelheim noch einen Bisssen zu ergattern . . .

Georg Queri

»Wo Queri war, saß Altbayern mit seinem breiten Lachen und seinem schlagfertigen Witz am Tisch . . .«, rühmt Ludwig Thoma seinen Freund, den Queri-Girgl, den ich selber recht gut gekannt habe.

Einmal — und oft — saß er auch an der Tafel des Doktors Georg Hirth in Sankt Querin am Tegernsee, wo viele Berühmte, wie Ludwig Thoma oder Leo Slezak, sich zu unvergeßlich schönen Gartenfesten eingefunden hatten. Damals gab es türkische Zigaretten in großen Schachteln zu tausend Stück; und eine solche stand auch auf dem reichgedeckten Tisch.

Frau Wally Hirth forderte einen Gast auf, zu rauchen, aber die bewußte Schachtel war nirgends zu finden. Ohne sich auch nur einen Augenblick zu besinnen, rief die Hausfrau: »Queri, tun S' die Zigaretten wieder her!« Und der Girgl holte, völlig unbefangen grinsend, die Pakkung unter dem Tisch hervor.

Zeitweise war Queri — die Geschichte ist wohl schon öfter erzählt worden — Gerichtsberichterstatter der Münchner Zeitung. Der Generaldirektor Buchner, mit den Beiträgen unzufrieden, ging eines Tages selbst in eine Verhandlung und entdeckte seinen Mitarbeiter, wie er in der letzten Bank seinen Rausch verschnarchte. Unsanft tupfte er ihn auf die Schulter: »Sie sind fristlos entlassen!« Queri faßte sich schnell: »Des is ma grad recht, was i bei eahna verdean, verdean i im Schlaf!«

Das stimmte und stimmte nicht. Queri und andere seines Schlages hatten oft keinen Pfennig in der Tasche, und dann wieder kam ein fürstliches Honorar vom Simpl oder von der Jugend, in klingendem Golde ausbezahlt. Dieser Glücksfall hatte sich einen Tag vorher ereignet, als Queri, in seinem Hinterhausquartier an der Hundskugel in aller Hergottsfrüh die ihm durch viele Besuche wohlbekannten Schritte des Gerichtsvollziehers erlauschte.

Wohin mit dem Geld? So schlau war der Girgl auch, daß die vermeintlich sichersten Verstecke die sind, die just ein erfahrener Vollstreckungssekretär mit seinem sechsten Sinn sofort findet. Er warf also die Goldstücke in den Nachttopf und bedeckte sie in aller Eile mit jenem Eigenerzeugnis, das man erst in unsern Tagen freiweg aus dem Munde edler Damen mit Namen nennen hören oder in besten Büchern gedruckt lesen kann.

Der Gerichtsvollzieher schnüffelte in dem wüst verwahrlosten Zimmer in allen Winkeln herum, aber er fand nichts, was zu pfänden gewesen wäre; verdrossen ging er zur Tür. Queri, übermütig und schadenfroh, hielt ihm den Topf unter die Nase: »Wollen S' vielleicht auch da noch nachschauen?!« Angewidert und beamtenbeleidigt räumte der Mann das Feld. Wie sich Queri gleich darauf als Goldwäscher betätigte, wollen wir nicht weiter schildern.

Bayrische Anekdote

Prinz Ludwig, der spätere König Ludwig III., lebte recht einfach. In Leutstetten im Würmtal, nahe am Starnberger See, oblag er der Viehzucht. Gelegentlich wurde aber auch ein Künstler zum Abendessen gebeten; da holte dann der Diener das Bier in der nahen Schloßwirtschaft.

Ein Maler, der in der Umgegend landschaftete, wo der Prinz landwirtschaftete, war sogar schon zum drittenmal während des Sommers eingeladen worden. Er hatte dabei das Gemüt des Verwalters soweit erschlossen, daß er ihn vertraulich fragen konnte, ob denn der Küchenzettel so eintönig oder ob es ein Zufall sei, daß man ihm nun schon dreimal Hackbraten mit Kartoffelsalat vorgesetzt habe; und er ließ deutlich durchblicken, daß er sich von der Tafel eines Prinzen feinere Genüsse erwartet hätte. Der Verwalter aber war baß erstaunt: »Deswegen werden Sie ja am Donnerstag eingeladen, weil es da einen Hackbraten gibt!«

Als Spion verhaftet

Zum Ausspähen fremder Geheimnisse, politischer oder militärischer gar, bin ich wohl der unbrauchbarste Mensch unter der Sonne – von Nacht und Nebel ganz zu schweigen. So unschuldig kann ich gar nicht sein, daß mich nicht das auf mich gerichtete Auge des Gesetzes, und wäre es nur das eines Zöllners, erzittern ließe. Und doch bin ich zweimal als Spion verhaftet worden, so glimpflich, wie bei Goethe, ja fast heiter, in Malcesine, ist es nicht abgegangen.

Im August 1914, in den ersten Kriegstagen, sollte ich für die Münchner Neuesten einen Stimmungsbericht über den Ausmarsch der Truppen schreiben; ich schlenderte also um die Anlagen des Glaspalastes herum, wo sich gerade eine Artillerieabteilung reisefertig machte. Ab und zu, denn alles konnte ich ja nicht im Kopf behalten, kritzelte ich, ohne jede Heimlichkeit, ein paar Stichworte hin – ein echter Spion hätte das nie getan. Mich aber hielt ein Vorübergehender für einen solchen, drohend stellte er mich zur Rede, und dem Don Pedrillo in Kleists Erzählung vom Erdbeben in Chili ähnlich, verfolgte er mich hartnäckig und rief auch die Leute von der Straße auf, mich nicht aus den Augen zu lassen.

Zuerst schien mir sein Eifer nur lästig und ich gedachte, den Zudringlichen abzuschütteln; aber bald war ich von allen Seiten eingekreist, das Volksgemurmel wurde zum hysterischen Geschrei und schon flog der erste Stein. Nun begriff ich das Bedrohliche meiner Lage. Die Gittertür zum alten botanischen Garten stand mir als letzter Ausweg offen; ich flüchtete mitten in die Soldaten, die, mit ihren eignen Arbeiten beschäftigt, erst jetzt des aufgeregten Schwarms gewahr wurden, der mir nachdrängte, der schrie, mich als Spion festzunehmen, aber freilich nicht mehr wagte, mit Steinen zu werfen: weniger des Glashauses wegen, als der Soldaten. Ein Glücksfall rettete mich: ein früherer Schulkamerad, der jetzt Leutnant oder auch nur Junker war, begrüßte mich mit lachendem Erstaunen: »Wie kommst denn du da her?« Als er die wunderlichen Zusammenhänge erfahren hatte, ließ er die erboste Menge vertreiben und das Gitter schließen. Aber die zur Wut entflammte Menge wich und wankte nicht, fanatische Mordknechte rüttelten wie Tiger an den Eisenstäben, wild gewordene Weiber schrien gellend, man solle mich herausgeben; das Grinsen der Soldaten erbitterte sie bis zum Taumel. Ich blieb bis zum Abend in der Schutzhaft der Truppe, bis der letzte meiner Verfolger, des Wartens und Geiferns müde geworden, sich entfernt hatte. Dann erst konnte ich mich, verstohlen und angstvoll genug, auf die Straße wagen und eilig in unsere nahe Wohnung fliehen. Für einen Bericht war es natürlich zu spät geworden; nachträglich erst wurde ich mir der Gefahr bewußt, in der ich geschwebt hatte.

Der Leser, besonders der jüngere, wird diesen Bericht für lächerlich übertrieben halten. Er kann sich die

Spionenfurcht jener ersten Kriegstage nicht vorstellen – tue ich doch selbst mich schwer, diese Fieberstimmung wieder heraufzubeschwören, von der sonst ganz harmlose Bürger ergriffen wurden: Bombenwerfer, Brunnenvergifter, Verräter wurden überall gewittert, Mönche und Nonnen galten als verkleidete Spione, jedes Auto war verdächtig, Feinde und Goldschätze über die Grenze zu schmuggeln. Manchem Unschuldigen ging es übler als mir; und wer immer noch das Märchen von der edlen Begeisterung glaubt, die einzig das Volk bewegte, der hat gewiß den besoffenen Pöbel nicht gesehen, die zertrümmerten Fensterscheiben und die rohen, ja oft blutigen Szenen, die sich da und dort abspielten.

*

Das andere Abenteuer dieser Art erlebte ich viele Jahre später, wieder als Pressemann, bei einem Manöver, kurz vor dem Zweiten Weltkrieg, irgendwo in Oberbayern. Die Herren vom Stab begrüßten uns Zeitungsleute mit einer herzlichen, ja liebedienerischen Höflichkeit, ihnen mußte ja an wehrfreudigen Berichten gelegen sein; ein Kameradschaftsabend krönte den Empfang. Andern Tags wurden wir, etwa ein Dutzend Berichterstatter, einem Major anvertraut, der uns durch das Gelände führen sollte. Wir hatten völlige Berichtsfreiheit, einzig das Fotografieren neuer Geräte aus unmittelbarer Nähe war von der Erlaubnis des Begleitoffiziers abhängig gemacht, technische Einzelheiten durften nicht zu erkennen sein.

Der Major war die Liebenswürdigkeit selbst, wir gingen und fuhren die Stellungen ab, wir brausten im Geländewagen, wir holperten in den hoch sich werfenden Fahrzeugen der Panzerabwehr, wir stiegen in die stählernen Ungeheuer der Panzer, wir sahen Schützenzüge und Pferde, Kanonen und – das riesige, mehrere Meter lange Richtgerät der Artillerie.

Es stand, weit genug entfernt, über einer Ackerwelle

voller Strohhaufen, schwarz, undeutlich, aber ungemein malerisch gegen das Hügelland und das Gebirge: es müßte ein prächtiges Bild werden.

Ich fragte den Herrn Major — natürlich, auf die Entfernung! Ich hob mein Kästchen ans Auge, aber kaum hatte es klick gemacht, stürzten aus zwei, drei Strohhaufen schwarze SS-Männer hervor, stürmten auf mich los, entrissen mir den Apparat, schlugen mir die Pranken auf die Schulter und verhafteten mich wegen Spionage. Der Major stand blaß daneben und sagte kein einziges Wort; auch als ich ihm zurief, er habe doch die Erlaubnis gegeben, stotterte er nur etwas Unverbindliches. Ich will gewiß nicht sagen, daß alle Offiziere so feig gewesen wären, aber wie die Machtverhältnisse lagen, konnte ich und konnten die erschrockenen Kollegen leicht einsehen.

Wieder war mir das Glück günstig: ein mutiger, kleiner, dicker Herr wies sich, gar nicht schüchtern, als Verbindungsmann zwischen Presse und Partei aus und verhinderte wenigstens, daß ich gleich abgeführt wurde. Die Besichtigung wurde abgebrochen, wir marschierten zum Stabe zurück, ich voran mit den schwarzen Gesellen, der Major, kläglich schweigend, hinterdrein.

Der freundliche, der piekfeine, der schneidige Oberst von gestern abend, der hosenrote Generalstäbler war plötzlich eiskalt, schnarrend erklärte er, der vor wenigen Stunden das Glas noch auf die Presse erhoben hatte, er sei hier nicht zuständig — und wieder war es der tapfere Kollege, der wenigstens erreichte, daß wir unverzüglich zum Generalkommando nach München fahren durften. Mein Film wurde dort entwickelt, die Aufnahme für unbedenklich erklärt, mit lahmer Höflichkeit wurde ich entlassen.

Also wieder eine Geschichte ohne Pointe; denn das Unbehagen, das ich empfand, macht gewiß auf den Leser keinen Eindruck, sei es, daß er weit schlimmere Abenteuer selber miterlebt, sei es, daß er, ein Friedens- und Wirtschaftswunderkind, von dergleichen keine Ahnung hat.

Parsifal

Nach meiner schweren Verwundung, im Herbst 1914 vor Ypern, und nach einem langen Lazarett-Winter kam ich im Frühling 1915 in ein Genesungsheim in Berchtesgaden. Es hieß Stockerlehen. Ich war einer der jüngsten Insassen, knapp zwanzig Jahre alt, von der Mitwelt im ersten Kriegsfrühling noch als junger Held gefeiert. Grade hatte ich einen Tapferkeitsorden bekommen, und ein Gedicht von mir war in der weltberühmten »Jugend« erschienen. Ich war, genauer gesagt, ein Jüngling vom reinsten Wasser, wie es wohl hernach keinen mehr gab, ein tumber Parsifal.

Das Heim wurde »betreut« (das Wort gab's damals noch nicht) von einer steinreichen Gräfin und ihrer Schwester, deren Mann als General im Feld stand. Wenige auserwählte Verwundete wurden gelegentlich in die prächtige Villa geladen, oder sie durften mit einer der Damen, der Generalin insbesondere, spazieren gehen. Daß es Frauen im gefährlichen Alter gibt, wußte ich damals noch nicht. Als die immer noch schöne und elegante Dame zum Abschied eine Narzisse pflückte und sie mir mit vielsagendem Blick überreichte: »Meine Lieblingsblume, die Blume der Leidenschaft!« da wußte ich in meiner – leider gar nicht süßen – Verwirrung nichts weiter zu antworten, als: »So?!«

Wohl ging mir nachträglich ein Licht auf, wenn ich auch immer wieder dachte, daß nicht sein kann, was nicht sein darf. Und erst, als ich andern Tags, zum schon vorher vereinbarten Spaziergang mich meldend, die schroffe Auskunft erhielt, die gnädige Frau empfange nicht, begriff ich, was für ein Tölpel ich gewesen war.

Mit dem feuchten Auge der Erinnerung betrachtet, mag solch ein Nicht-Erlebnis recht heiter sein, und es haben auch alle, denen ich nach Jahr und Tag die kleine Geschichte erzählt habe, schallend über mich gelacht. Aber vielleicht ist doch unter den Lesern der eine oder andre, der ein bißchen ehrliches Mitleid mit dem Jüngling hat. Damals hätte ich es zornig zurückgewiesen, aber heute, nach zwei Menschenaltern, wäre ich dankbar dafür.

Amundsens Neffe

Eines Tages, gleich nach dem Ersten Weltkrieg, brachte mein Vater einen liebenswürdigen jungen Mann zum Essen mit — und so hungrig wir selber damals waren, diesem Gast gönnte jeder seinen bescheidenen Anteil; denn er war, wie wir mit ehrfürchtigem Staunen vernahmen, der Neffe des berühmten Polarforschers Amundsen. Er wußte viel zu erzählen, was er von seinem Onkel gehört hatte, wir Buben hingen an seinem Mund; über die gegenwärtige Expedition freilich konnte er nichts sagen, er war, versteht sich, wie alle Welt auf die Mutmaßungen und die dürftigen Nachrichten der Presse angewiesen.

Er kam oft und öfter zu uns, die kärglichste Mahlzeit war ihm gut genug; er drängte sich nie auf, aber er nahm fröhlich an, wenn er eingeladen wurde. Was er sonst trieb, wußten wir alle nicht, es war uns ja auch genug, zu wissen, daß er der Neffe Amundsens war. Nie ist uns ein Verdacht aufgestiegen, nie haben wir geprüft, ob er der norwegischen Sprache mächtig war, wie sollten wir auch, da wir ja selbst nicht norwegisch konnten. Über seines weltberühmten Onkels Lebenslauf wußte er viel zu erzählen, wir bedachten nicht, daß er das alles aus Büchern und Zeitungen gelesen haben konnte, ja ein gewöhnliches Konversationslexikon hätte ausgereicht, um unsern Wissensdurst zu stillen; und daß der liebenswürdige, anspruchslose junge Herr über den gegenwärtigen Aufenthalt seines Onkels auch nur auf die Meldungen der Presse angewiesen war, das war durchaus begreiflich, denn wer wollte erwarten, daß der Mann, der von den Neusibirischen Inseln aus zum Nordpol vorstoßen wollte, an seine ganze Verwandtschaft Briefe und Ansichtskarten schrieb.

Dem Fuchs, dem schlauen Tier, wird nachgesagt, daß er nie im Umkreis seines Baues räubere, um keinen Verdacht zu erwecken. Ein solcher Fuchsbau war für Amundsens Neffen unsere Familie, sein Aushängeschild der in der ganzen Stadt gültige Name meines Vaters. Nie hat uns der stets willkommene Hausfreund angeschnorrt, auch in der tiefsten Inflation nicht. Daß er es aber, unter Berufung auf seine, jederzeit gern von uns bestätigte, nahe Beziehung zu uns andernorts mit größter Gerissenheit tat, erfuhren wir erst, als die Goldmark wieder gekommen war, die dann nicht mehr so locker saß wie ein paar Milliardenscheine.

Ein Glücksfall

Daß Gott am nächsten, wenn die Not am höchsten, ist ein schlechter Reim, aber doch oft eine gute Wahrheit. Anno siebzehn, als es gar nichts mehr zu essen gab, auch auf dem Lande nicht mehr viel, war ich zum Hamstern unterwegs auf einem Bauernhof und streifte recht hoffnungslos durch die Gegend.

Plötzlich sah ich, halb im Gebüsch verdeckt, ein Hühnerei liegen – wo eins ist, können auch zwei oder drei sein: es wurde aber ein halbes Schock, ich konnte den Segen kaum in meinem Hut bergen. Vermutlich hatten mehrere Hennen dort unter den Stauden, gegen die Dienstvorschrift, ihre Eier verlagert; und die Bäuerin mag sich über ihre faulen Mistkratzer nicht schlecht geärgert haben. Mir aber und den Meinen ward es zum Himmelssegen – kaum ein Verleger hat mir später so viel Freude gemacht, wie damals diese Verleger-innen. Freilich war eine ganze Anzahl der Eier schon hinübergegangen, aber wir waren nicht wählerisch seinerzeit — und was nicht zu jenem gütigen Himmel stank, kam in die Pfanne. Nie vorher und nachher haben wir Rühreier mit tieferer Rührung gegessen.

Zwischen den Kriegen

Ernst Toller

Wie mancherlei ich auch sammle, Autographen zählen nicht dazu; so blätterte ich, im November 1966, auch ziemlich flüchtig den Katalog einer Münchner Versteigerung durch, bis mein Blick auf meinen eignen Namen fiel: Ein Jugendfreund hatte die ihm von mir geschenkten Briefe von Klabund, Wolfskehl, Bruno Frank und andern zum Verkauf ausbieten lassen. Auch von Ernst Toller waren zwei darunter.

Am meisten kränkte mich, daß ich in den Verdacht kommen mußte, selbst so persönliche Erinnerungsstücke verschachert zu haben; mein Trost war, daß diese Schriften ja doch 1945 verbrannt wären, wie so viele, weit wichtigere Zeugnisse jener Zeit.

Jedenfalls, mit einem Schlag stieg eine versunkene Welt der Jugend in mir auf, als ich in dem Katalog las: An den Gefreiten Eugen Roth: dankt er im ersten Brief für Bücher, so bittet er im zweiten, bei einem Fräulein Huber seine Skier abholen zu lassen. »Wenn ich dann nach München komme, hole ich sie mir. Vorerst müssen sie aber bestimmt von Fräulein Huber fortkommen. Aus guten Gründen!! Laß Dir die Hand drücken und streck dabei nicht die Zunge 'raus!«

Dieser Brief – auf den ersten Blick gewiß nicht wichtig – kommt aus Heidelberg, im Oktober 1917; er deutet schon an, daß sich Ernst Toller in die Politik gestürzt hat und »aus guten Gründen« seine Münchner Spuren verwischen will.

Ich möchte, das sei vorweg gesagt, hier weder über die Politik noch über die Literatur viel erzählen, sondern nur kurz von dem Stück Weges berichten, auf dem ich Ernst Toller begleitet habe.

Ernst Toller kam, nicht schwer verwundet, sondern mit den Nerven am Ende, aus dem Felde und Lazarett 1916 nach München; er war ein Regimentskamerad meines Bruders bei der schweren bayrischen Artillerie gewesen. Wir waren beide junge Dichter, im Kutscherkreis freundeten wir uns an; zu Weihnachten spielte er in Otto Falckenbergs Stück den heiligen Joseph, ich mußte mich mit der Rolle eines alten Bauern begnügen. Als ein Engel erschien uns Hanna Kiel, noch ganz ein freideutsches Mädchen, in das wir beide verliebt waren, ich auf Lebenszeit hoffnungslos, wie weit Toller, der große Frauenfreund, kam, weiß ich nicht. Damals jedenfalls redeten wir halbe Nächte lang von ihr kaum weniger als von der Literatur; von der Politik so gut wie gar nicht.

Im Frühjahr 1917 ging Ernst Toller nach Heidelberg; in den Osterferien besuchte er mich in Bad Wörishofen, und es ist mir unvergeßlich, wie er daherkam, in einer Art Trachten-Räuberzivil, einen grünen Hut auf dem Kopf und einen gewaltigen Hirschgeweih-Spazierstock in der einen Hand, während er in der andern den von mir entliehenen Band »Der Aufbruch« von Ernst Stadler trug, zwischen dessen Seiten er, als einziges Gepäck, seine Zahnbürste geklemmt hatte.

Natürlich wäre es falsch, nach diesem Aufzug, den er vielleicht dem bayrischen Landbesuch schuldig zu sein glaubte, seine sonstige, durchaus gepflegte Erscheinung zu beurteilen. Er war ein schöner junger Mann und wußte es auch; schwarzglänzenden Haares, dunkelgelblich von Gesichtsfarbe, mit unvergeßlich großen, glühenden Augen konnte er wie ein Prinz aus Tausendundeiner Nacht aussehen, sein Zorn war blitzend, sein Lächeln bezaubernd, seine Schwermut ergreifend. Ich könnte freilich auch sein Geltungsbedürfnis, seine blinde Eitelkeit anführen, aber darüber haben sich ja schon zuviele geäußert. Im Grunde war er ein scheuer Mensch, den Gefühlen mißtrauend. Im Januar 1918 brach der Streik der Munitionsarbeiter in München aus; Toller war einer der ersten, die herbeieilten und sich auf die Rednerbühne schwangen, in Sälen, unter freiem Himmel, im Gewühl der Massen. »Still, der Student spricht!« hörte ich neben mir, fast andächtig, eine alte Frau rufen, und wirklich lauschte die Menge, so lange er sprach, feurig und überzeugend, so lang es, damals, nur um Worte ging, große und schöne Worte. Ein Hauch edler Freiheit, ein Klang guten Willens ging von ihm aus.

Der Streik wurde niedergeschlagen, der Krieg ging weiter. Schon lange zuvor hatte Toller, als wir auf der Straße einmal einem Gefesselten begegneten, wehmütig-spöttisch zu mir gesagt: »Ihr dürft alle wegschauen, wenn ich so in Handschellen ins Gefängnis geführt werde« – jetzt war es soweit. Toller kam in die Militärstrafanstalt in der Leonrodstraße, von den Münchnern kurz »Franzl« genannt. In seinen Erinnerungen behauptet er, niemand sei zu ihm gekommen; das stimmt nicht, zweimal habe ich ihn besucht, er saß zwischen Bergen von Büchern, er schrieb an seiner »Wandlung«, er war, den Umständen entsprechend, eigentlich ganz guter Dinge, er hatte doch wohl ein paar Vergünstigungen gegenüber anderen Gefangenen, denen es schlecht genug gehen mochte. Und Kriegsbrot und Graupensuppe aßen wir schließlich damals alle.

Im Mai 1918 bekam ich eine Vorladung vom Landgericht als Zeuge in Sachen »Eisner und Genossen wegen versuchten Landesverrats«. Der Untersuchungsrichter, mit dem passenden Namen Schraub, war gewiß nicht unfreundlich, er kannte meinen Vater; er war aber zäh darauf aus, daß ich Toller für verrückt erklären sollte; obwohl ich sofort sah, daß das vielleicht nicht der schlechteste Ausweg wäre, konnte ich mich nicht entschließen, meinen Freund glatt für unzurechnungsfähig zu halten; es wurde ein sehr gewundenes Protokoll, unter das ich, nach einigen Verwahrungen, meine Unterschrift setzte.

Ich hörte dann geraume Zeit nicht viel von Toller; nie darf der Leser vergessen, daß ja inzwischen das eigne Leben weiterlief, auf vielen Bahnen. Im Sommer 1917 war ich als Feuerwachmann in die Entlausungsanstalt Rosenheim eingezogen worden, im Winter 1918 war ich Schreiber im stellvertretenden Generalkommando München, gewiß keine erfreulichen Tätigkeiten. Daneben aber gab es allerhand Ermunterungen, Kurt Wolff hatte meinen ersten Gedichtband für die Reihe: »Der jüngste Tag« angenommen, ich wurde als hoffnungsvoller Dichter herumgereicht, lernte, im Hofgarten etwa, bedeutende Autoren kennen; im Januar wurde bei Kutscher »Der junge Mensch« von Hanns Johst uraufgeführt und, von heute aus, über Jahrzehnte hin, ist es gar nicht so abwegig, zu sagen, Johst hätte grad so gut nach links umfallen können, schwankend, wie er war.

Es kam, im November 1918, die Revolution unter Kurt Eisner; Toller war, so viel ich weiß, in Berlin. Er war aber schon auf dem Wege von St. Moritz nach München, als er die Kunde von Eisners Tod erfuhr.

Die Männer der Revolution habe ich fast alle gekannt oder wenigstens gesehen und reden gehört: Versammlungen, rechts, links, oft wußte man's nicht, bis das Gebrüll begann und einer über die Köpfe weg hinausflog, wie der schmierige Otto Zarek, der auf die drohende Frage, ob er im Felde gewesen sei, die dreiste Antwort gab, er habe Wichtigeres zu tun gehabt.

Unvergeßlich bleibt mir, wie Max Weber mit den ehernen Worten begann: »Wir haben einen Krieg verloren!« Keiner in dem Riesensaal, der's nicht schon gewußt hätte: aber erst in diesem Posaunenstoß erschütterte uns die schreckliche Wahrheit. Bei einem fast noch akademischen Vortrag des Finanzministers Jaffé stand, befremdend genug, Rainer Maria Rilke an einer Säule; schwermütig lächelnd, wußte er selbst nicht recht zu sagen, was er hier suche. Kurt Eisner, bei dessen Begräbnis ich dann selbst mitmarschierte, hörte ich oft sprechen, am kühnsten vor dem gewaltigen roten Vorhang des Nationaltheaters, wo er sich seinen Freunden und Feinden stellte. Gustav Landauer ist wohl die tragischste Gestalt jener Wochen gewesen: er überbot Eisners wirrhaarige Erscheinung noch um ein Beträchtliches; wie eine aus ihrer Höhle gescheuchte Eule flatterte er durch diese aufgeregte Welt, erkannte rasch, daß es die seiner Träume nicht war, und war dann doch der Unglückliche, der es mit grausamem Tod büßen mußte, daß er sich mit ihr eingelassen hatte.

Erich Mühsam, auch eine Schwabinger Urgestalt, war als Anarchist nie ganz ernst genommen worden. Ich hatte ihn zuletzt in einem Hinterstübchen einer Wirtschaft an der Schillerstraße getroffen; es war eine höchst geheimnisvolle, nur auf Losungswort zugängliche Verschwörerversammlung, bei der dann aber recht bürgerlich über die Teuerung gesprochen wurde. Harmlos schien er, harmlos waren ja so viele, bis ihr Wort Blut geworden war und alle Schrecken heraufbeschwor.

Toller habe ich in diesen wildbewegten Nachwinter- und Frühlingswochen wiederholt gesehen und gesprochen, wenngleich er, pausenlos zum Führer erhoben, wieder abgesetzt, verhaftet und neuerdings berufen, nur schwer zu treffen war. Er wohnte nicht mehr in der Akademiestraße, sondern in einer kleinen Pension am Anfang der Ludwigstraße, beim Leuchtenbergpalais, in einem bescheidenen Zimmer im vierten Stock. Von wann an er eine Uniform trug, mit einer seidenen roten Armbinde, wüßte ich nicht mehr zu sagen. Jedenfalls stand vor dem Hause oft sein riesiger Dienstwagen, und zwei gewaltige, schwerbewaffnete Matrosen waren seine Leibwache. Mit diesen fuhr er auch eines Nachts bei der verehrten Hanna Kiel vor, die über solchen Besuch nicht wenig erschrocken war.

Einmal begegnete ich ihm auf der Straße, als er, soeben

auf dem Höhepunkt seiner Macht, das Flugblatt der Räterepublik »an das werktätige Volk Bayerns« hatte hinausflattern lassen. »Den Aufruf hätte ich nicht unterschrieben!« sagte ich ziemlich spöttisch; er wollte aufbrausen; »weil er in einem so miserablen Deutsch abgefaßt ist«, fuhr ich ungerührt fort und zitierte: »Die Riesengewinne des Krieges dürfen nicht mehr als eine Last auf Bauern und Arbeitern liegen!« Das hat ihn, den Dichter, vielleicht tiefer getroffen als jeder Einwand gegen seine verworrene Politik.

Zuletzt sah ich ihn, allein in dem riesigen Wagen, durch die aufgeregte Stadt brausen, den Heerführer wider Willen, den Sieger von Dachau. Wie unvorsichtig Toller selbst war, hörte ich erst später. In tiefer, lautloser Nacht läutete er Freunde heraus, die erstaunt aus dem Fenster blickten. »Lassen Sie mich hinein, ich bin der Toller!« rief er schmetternd hinauf.

Über die letzten April- und die ersten Maitage, wie sie die allgemeine Münchner Bevölkerung erlebte, gibt es wunderlicherweise keinen gültigen Bericht, wenn wir von Josef Hofmillers unerfreulichem Revolutionstagebuch absehen wollen, das uns nur beweist, wie selbst hochgebildete, geistige Männer von blindem Haß geschlagen waren. Auch ich kann mich bei der Schilderung dieser tollen Zeit nicht lange aufhalten, bei diesem oft ineinandergehenden Gemisch von Alltag und Weltgeschichte – denn das hätte es ums Haar werden können.

Wir studierten, die paar stürmischsten Tage abgerechnet, es gab Vortrags- und Tanzabende, heimliche, wilde Faschingsfeste in der Pension Fürmann und in Schwabinger Ateliers. Am Karsamstag, dem 19. April, standen wir um Karten zur Matthäuspassion an, während von ganz nah die Schüsse krachten. Alles war auf einen gewissen sechsten Sinn abgestellt, dafür, ob etwas noch möglich sei oder nicht, ob man's wagen sollte oder bleibenlasssen; dabei bezogen die meisten Menschen ihren Mut aus der völligen Ahnungslosigkeit; wer gewitzt war, hielt sich der brodelnden Masse fern, ja er vermied das harmloseste Gespräch: ein falsches Wort, und schon hagelten die Schläge. Alte Feldzügler kannten den Bienenton der Geschosse, warfen sich zu Boden oder duckten sich hinter Mauern; aber andere schauten so verdutzt, wie wir 1914 vor Ypern geschaut hatten, als die ersten Kugeln pfiffen.

Als die weißen Garden in Schwabing einzogen, saßen wir in der Wohnung von Hans Ludwig Held beisammen zu einer Besprechung über die doch immerhin rosarote »Gesellschaft für Neue Erziehung« – wir hätten uns weiß Gott eine günstigere Zeit dafür heraussuchen können. Als wir vom Fenster aus sahen, wie die Soldaten auf der Suche nach Dachschützen und Versteckten in die Häuser drangen, wurde uns doch etwas schwül; wir mimten eine fröhliche Kaffeepartie – aber geholfen hätte uns diese Tarnung wohl wenig. Zum Glück blieben wir unbehelligt.

Die Ereignisse, die Stimmung nur in Stichworten: Immer wieder macht man die Erfahrung, daß man in weitläufigen Großstädten die Ereignisse spät und nur gerüchtweise hört, vor allem, wenn es keine Zeitungen gibt. Die grauenhaften Vorgänge in Münchens südlicher Umgebung, die erbitterten Kämpfe in den Vororten und Arbeitervierteln erfuhren wir erst nach und nach; nur spätere Besichtigungen der Schauplätze und Vervollständigung des Eindrucks durch Mitteilungen von Augenzeugen ergeben das Bild, das man allzugern als eigene Erinnerung aufbewahrt.

Immerhin durcheilte die Schreckenskunde vom Geiselmord im Luitpoldgymnasium, aber auch des blutigen Wütens der Weißen in Obergiesing und im Schlachthofviertel, mit Windeseile die Stadt. Die Spuren der wilden Straßenkämpfe am Stachus, an der Hackerbrücke und im Umkreis der Löwenbrauerei sah ich erst nach Tagen.

Durch die Karlstraße, in der wir wohnten, peitschten die Schüsse, die Kugeln schlugen Feuer aus den Pflastersteinen. Wohl blieben wir während der gefährlichsten Stunden zuhause, aber gelegentlich wagten wir, mein Bruder und ich, uns doch an den Rand des Gefechtsfeldes vor, etwa zum Wittelsbacher Brunnen, wo die Weißen ein Maschinengewehr aufgestellt hatten und die Roten nicht nur dem Steinbild des Stiers ein Horn abgeschossen hatten, sondern vor unsern Augen einen allzu vorwitzigen Schlachtenbummler tödlich trafen.

Viele Bürger verhielten sich, in schmerzlichem Begreifen des unseligen Kampfes, still und würdig; andre begrüßten die Befreier stürmisch; es gab aber auch häßliche Szenen, wo gutgekleidete Herren und Damen mit Stöcken und Schirmen auf die gefangenen Rotgardisten einschlugen, die, die Hände hoch, wehrlos durch die Straßen abgeführt wurden, viele Unschuldige waren unter ihnen, von üblen Giftmäulern bezichtigt und ohne viel Federlesens erschossen. Wie erschrak ich, als ich in einem solchen Trupp einen guten Bekannten erblickte, einen Redakteur der »Münchner Post«, der gewiß niemandem etwas getan hatte. »Um Gottes willen!« rief ich ihn an, »wie kommen Sie in diese Lage?« Ich lief neben ihm her, ich versuchte, einen verantwortlichen Führer der Weißen auszuspähen — vergebens! Ein roher Bursche stieß mich zurück, und wirklich war es geraten, nicht zu nah an dem Zug der Unglücklichen zu bleiben, leicht hätte der rasende, schimpfende und spuckende Pöbel einen in die Reihe stoßen können.

Am späten Abend kam eine Studentin in unsere Wohnung geschlichen, ich kannte sie kaum; in wilder Verzweilung flehte sie mich an, ihr für einen mir völlig fremden Herrn Katzenstein meinen Personalausweis zu leihen; er müsse heute noch über die Grenze. Ich gab ihr das Papier — und war heilfroh, als ich es nach Wochen auf Umwegen aus der Schweiz zurückbekam.

Am dritten oder vierten Mai holte mich ein Kriminaler ab; stehenden Fußes mußte ich mitkommen: ich sollte, als ein naher Bekannter von Toller, im Ostfriedhof eine unbekannte Leiche daraufhin prüfen, ob es der gesuchte Rädelsführer sei.

Das grauenvolle Bild des Friedhofs im einzelnen zu schildern, soll mir nicht zugemutet werden. Die toten Kommunisten lagen gestapelt übereinander, zerschossen, zerlumpt, verzerrt; manche halbnackt, bloßfüßig; wo es nur anging, am Hals, an den Zehen hatten sie Zettel mit ihren Personalien hängen. Blut war unter den Leichenbergen weggeflosssen, jetzt bedeckte es schwärzlich den Boden.

Im Schauhaus hatte man die Leichen von Menschen aufgebahrt, die entweder als vermutliche Führer der Revolution oder als offensichtlich unbeteiligte Opfer aus bürgerlichen Kreisen, abgesondert worden waren. Der Kriminaler führte mich vor einen Schragen, auf dem ein junger Mann in feldgrauer Uniform mit roter Armbinde lag; ich sah in ein friedliches, nobles Gesicht, auf schöne, schlanke Hände. Der Jüngling hatte braunes, fast blondes Haar. Ich sah auf den ersten Blick, daß es Toller nicht sein konnte; aber ich wußte auch, daß es dem vielleicht noch Lebenden einen Vorsprung gab, wenn ich diesen Toten für den Gesuchten erklärte. Ich sagte also dem Kriminaler, daß ich's nicht mit Bestimmtheit feststellen, wohl aber für möglich, ja wahrscheinlich halten könnte.

Der Mai verging, die Stadt und auch unser Leben beruhigten sich äußerlich; es gärte aber noch heftig überall; die rohe Erschießung von einundzwanzig unschuldigen Handwerksgesellen hatte auch weite Kreise der ursprünglich den weißen Befreiern zugetanen Bürgerschaft ernüchtert. Lange noch wurden nächtliche Haussuchungen auf brutalste Weise durchgeführt, in den Arbeitervierteln Handgranaten in den Betten der Frauen gefunden, in der Innenstadt und besonders in Schwabing Juden und Intellektuelle überhaupt aufgestöbert. Die haßerfüllten Verdächtigungen nahmen kein Ende. Daneben lief das tägliche Leben weiter.

Ich ging durch die Ludwigstraße, da trat geheimnisvoll ein Herr Lippmann auf mich zu: Ich müsse Toller verbergen, seine bisherigen Verstecke seien zu unsicher geworden. Als ich ihm aber erklärte, wie unmöglich es sei, in einer vielköpfigen Familie, in der es zugehe wie in einem Taubenschlag, unterzuschlüpfen, abgesehen davon, daß ja auch ich in den Kreis der Verdächtigen gehöre, sah er das ein, wollte aber, daß ich Toller selbst davon überzeugen sollte.

So sah ich denn meinen Freund wieder, in einer Wohnung an der Franz-Joseph-Straße; erkannte hätte ich ihn freilich nicht. Seine Haare waren brandrot gefärbt, eine blaue Brille verbarg seine Augen, und auch sonst waren allerhand Verkleidungskünste an ihm vorgenommen worden. Später wurde mir erzählt, er habe sich nach dieser Verwandlung eitel vor den Spiegel gestellt mit der Frage, ob ihn nun wohl die Frauen noch möchten ... er sei freilich dann derb zurechtgewiesen worden, daß er in der Stunde, wo Hunderte vielleicht um seinetwillen erschossen würden, sich in solchen Hanswurstiaden gefiele.

Es vergingen Tage und Wochen, Toller, auf dessen Kopf die Regierung einen Preis von zehntausend Mark gesetzt hatte und dessen Bild von allen Litfaßsäulen blickte, war verschwunden, und auch ich wußte nicht, wo er sich verborgen hielt; in München oder vielleicht schon jenseits der Grenze.

Eines späten Abends – ich war über Land gewesen – fand ich einen Zettel auf meinem Bett, ich müsse unverzüglich zu einem Hauptmann Mayer von der Weißen Garde kommen. Mit schwerem Herzen ging ich hin. Der Mann war nicht unfreundlich. »Sie wissen, wo Toller steckt!« Er wollte mir's auf den Kopf zusagen. Ich beschwor's mit dem verlangten Ehrenwort, keine Ahnung zu haben. Er glaubte mir; er sagte: »Wir wissen, daß er sich in Schwabing verbirgt; er ist so gut wie umstellt; wenn ihn die Soldaten aufspüren, schlagen sie ihn tot. Es liegt an Ihnen, das zu verhindern; suchen Sie Verbindung mit ihm aufzunehmen, raten Sie ihm, sich freiwillig zu stellen, noch heute nacht; morgen schon kann ich diesen Vorschlag vielleicht nicht mehr aufrecht halten. Ich gebe Ihnen freie Hand, ich werde niemanden auf Ihre Spur setzen!«

Welch scheußliche Lage! Wollte der Offizier, und sei's auch nur aus Ehrgeiz, Toller wirklich vor dem Tode retten und sich meiner als eines ehrlichen Mittlers bedienen? Wollte er mich als Spürhund mißbrauchen, daß ich meinen Freund verriete, auf dessen Kopf obendrein der Judaslohn von zehntausend Mark gesetzt war?

Die Qual der Entscheidung will ich, schier fünfzig Jahre später, nicht schildern; allzuleicht könnte heute jedermann behaupten, er hätte sich, auf jede Gefahr hin, geweigert; zumal er seither weiß, daß Toller entdeckt und nicht sofort umgelegt wurde. Aber war nicht, aus bloßem Irrtum, ein Kriminaler auf den Ruf hin, »das ist Toller!« von einer andern Streife erschossen worden?

Kurzum, ich machte mich auf den Weg, den schwersten Gang meines Lebens. Die Straßen waren leer und endlos; niemand begegnete mir, niemand, das stellte ich angstvoll um mich spähend fest, beschattete mich. Schreckliche Überwindung, an fremden Türen zu läuten, um zwei Uhr nachts, in jener Zeit der Durchsuchungen und Überfälle, gräßliche Beschämung, verstörten, mißtrauischen Menschen mein Anliegen zu erklären, das dem eines Polizeispitzels verflucht ähnlich sah – und doch ein Opfergang war, zum Glück ein vergeblicher. Ich hatte getan, was ich für meine Pflicht hielt, nun mochte das Schicksal seinen Lauf nehmen. Der Hauptmann, dem ich im Morgengrauen meine Meldung machte, zuckte nur die Achseln, er entließ mich, ohne zu fragen, wo ich gewesen war. Ich bin heute noch der Meinung, daß er kein falsches Spiel getrieben hat.

Tollers Verhaftung, zwei, drei Wochen später, habe ich in der Zeitung gelesen, wie jeder andre Münchner auch. Sofort beschloß ich, ihn im Gefängnis Stadelheim zu besuchen; erstaunlich leicht bekam ich die Erlaubnis. In Giesing waren noch überall die Spuren der furchtbaren Straßenkämpfe zu sehen; zerschossene Häuser waren damals, ein Vierteljahrhundert vor den Bombenzerstörungen, ein bestürzender Anblick. Aber schrecklicher noch war die dumpfe, lastende Qual, die über der ganzen Gegend lag.

Die einsam, fast auf freiem Felde liegende Strafanstalt, die gewiß in den letzten Wochen der Schauplatz entsetzlicher Greuel gewesen war, hatte das eisige Schweigen des Alltags wieder aufgenommen. Ordnungsgemäß wurde ich durch Gänge und Gitter in den Sprechraum geführt, schier unvermutet stand mir Ernst Toller gegenüber. Er sah nicht schlecht aus; nur seine Haare waren wunderlich, die Spitzen noch rot, der nachgewachsene Schopf tiefschwarz. Wir konnten nur wenige Worte wechseln; er hatte gehört, daß ich ihn hatte suchen sollen, er begriff meine peinliche Lage, er dankte mir für den guten Willen.

Ich habe Ernst Toller nicht wiedergesehen; als er verhandelt wurde, war ich krank. Aus Niederschönenfeld, wohin ich ihm manches Buch schickte, kamen spärliche Briefe, darunter auch die Einladung zur Uraufführung seiner »Wandlung« in Nürnberg. Ich konnte nicht hinfahren.

Jahre später war ich schon Schriftleiter der »Münchner Neuesten Nachrichten«; ich hatte Nachtdienst, der Fernsprecher summte; ich meldete mich, eine Stimme, die ich sofort erkannte, fragte, ob ich allein sei. Ernst Toller, auf dem Weg ins Ausland, wollte mich noch einmal sehen. Es war nicht möglich, der Metteur wartete mit dem Umbruch, unglücklicherweise hatte ich auch noch einen Kollegen zu vertreten, einen Ersatzmann aufzutreiben war aussichtslos. So blieb es bei wenigen, herzergreifenden Abschiedsworten; unwirklich, wie mit Geisterstimme schienen sie mir gesprochen, ein Traum, den dann erst der lärmende Betrieb des Setzersaales zerblies.

Reisegeld

Nach dem ersten Krieg traf ich in einer Gesellschaft einen russischen Emigranten, dem es, verglichen mit seinen Leidensgenossen, ganz gut zu gehen schien. Und es ging ihm auch gut, wie ich sogleich aus der kleinen Geschichte erfuhr, die er mir in mühsamem Deutsch erzählte. »Ich bin«, sagte er, »im Frühjahr 1914 auf eine längere Reise in den Westen gegangen; anfangs Juli war ich in Rom und wollte über die Schweiz nach Paris. Da habe ich das Gefühl gehabt, das Geld könnte mir knapp werden. Großfürst bin ich keiner, nur ein Kaufmann, aber, verzeihen Sie, reich bin ich gewesen, sehr reich. Und da habe ich mir, nur der Sicherheit halber, fünfzigtausend Franken auf die Nationalbank in Zürich überweisen lassen. Daß es Krieg geben könnte, habe ich nicht gedacht, aber er ist dann schneller gekommen, als ich nach Zürich gekommen bin. Ich bin noch mit der letzten Gelegenheit über Schweden nach Moskau gereist. Sie können sagen, Heimweh ist Dummheit, aber ich habe müssen, hinein in die Mausefalle, wo ich hätte bleiben können in Lugano oder Stockholm, als ein armer, aber freier Mann.

Ich habe alles mitgemacht, den Krieg und die Revolution, alles – das ist sehr viel, andere erzählen davon, ich schweige. Zuletzt bin ich doch geflohen, über die finnische Grenze. Ich bin in Berlin gelandet, ein Bettler; ich habe mein ganzes Leben vergessen, alles. Es ist zu viel gewesen, bitte, keine Erinnerung – nichts. Und trotzdem, plötzlich ist mir eingefallen, du hast ja Geld schikken lassen, damals, in die Schweiz. Ich habe keine Hoffnung gehabt, natürlich, aber versuchen kann ich's ja. Habe mir das Reisegeld zusammengefleht, alle haben mich ausgelacht, aber sie haben so viel gegeben, daß es gereicht hat. Und was denken Sie: ich komme nach Zürich, gehe auf die Bank, und das Geld liegt da.

Wenn meine Papiere überprüft sind, in acht Tagen,

kann ich es abholen. Eine qualvolle Woche, noch so arm und vielleicht schon so reich. Das Geld ist mir ausbezahlt worden, ich lebe davon, in München; einen Franken gebe ich aus im Tag, höchstens zwei. Denn ...«, schloß er lächelnd, »es muß reichen für mein ganzes Leben. Ich wüßte nicht, wo ich sonst auch nur eine Kopeke auftreiben könnte.«

Inflation

Im Jahr dreiundzwanzig, in der tiefsten Inflation, entschlossen wir uns, das Klavier zu verkaufen. Noch ehe die Anzeige erschienen war, kam ein dicker, widerwärtiger Kerl, der offenbar die besten Beziehungen zu den Zeitungssetzern hatte, drang, den Hut auf dem Kopf, ohne Umstände ins Wohnzimmer, hob den Deckel auf, warf einen Blick auf die Tasten, schlug den Deckel wieder zu und sagte: »G'hört schon mir!« Während er, um seine Entschlossenheit zu beweisen, gewaltige Packen von Geldscheinen mit schmierigen Pranken aus verwetzten Taschen grub, fragten wir schüchtern, ob er denn das Instrument nicht erst prüfen wolle? »Braucht's net«, sagte er. »Hab's schon g'sehn, echte Zähn' hat's!« Wir begriffen, daß er das Elfenbein der Tasten meinte. »Aber«, warf meine Mutter bescheiden ein, »Ihr Kunde will doch sicher zuerst ...« — »Nix will er«, unterbrach sie der Mann schroff, »des sollt si' oaner traun, den schmeiß i glei naus!«

Ein Strauß Rosen

Als junger Mann bin ich in den zwanziger Jahren zum erstenmal allein in Berlin gewesen, und für einen Hinterwäldler, wie ich einer war, war das auch ohne eigentliches Abenteuer abenteuerlich genug. Alles wollte ich sehen, gewaltige Fußmärsche machte ich, vom Humboldthain bis zur Hasenheide, vom Lietzensee bis zur Frankfurter Chaussee, gar nicht zu reden von der Innenstadt, vom Tiergarten, Alexanderplatz und den vielen Museen.

Wieder einmal war ich nach unersättlichen Wanderungen durch endlose grade Straßen spät abends in einem Kaffeehaus gelandet; ein kümmerliches Weiblein bot, von Tisch zu Tisch fragend, Rosen an – sie tat mir leid, aber was sollte ich Einsamer mit Blumen? Da fiel mir ein, daß in einem nicht allzuweit entfernten Kabarettchen eine mir von München her bekannte Sängerin auftrat, keine große Künstlerin, gewiß nicht, aber grade deshalb sicher doppelt dankbar dafür, sich vor dem Publikum mit einem Strauß vor der Brust verbeugen zu können: Seht her, mir fehlt's nicht an Verehrern, die mich mit Rosen überschütten!

Mit der Frau, die schon betrübt ihres Weges gehen wollte, wurde ich rasch handelseinig, sie konnte es erst gar nicht fassen, als ich sie fragte, was alle Rosen kosten sollten, sie waren am Abend dieses Hochsommertages billiger, als ich mir's überschlagen hatte; vielleicht wußte die Verkäuferin auch, daß die eben noch leidlich frischen Blüten andern Tags nicht mehr abzusetzen wären.

Selbst das Tingeltangel zu besuchen war ich zu müde, pflastermüde, verstaubt, unfrisch – aber abgeben wollte ich sie, die Rosen, zartsinnig mich selbst ankündigend für einen der nächsten Abende. Ich ging also hin und suchte so was wie einen Bühneneingang, als mir aus der halben Finsternis eine feindselige Stimme entgegenschnarrte: »Nee, Männeken, det machen wa selber!« Ehe ich begriff, was dieser Zuruf bedeuten sollte, hatte der Türhüter sich mir in den Weg gestellt, barsch fuhr er mich an: »Hier Blumen verkoofen, is nicht!« Eine so schnöde Verkennung eines Rosenkavaliers brachte mich in Zorn, und ich herrschte den schäbigen Kerl, der mich unverfroren durch seine Nickelbrille anstarrte, höhnisch an, ob ich denn so aussähe. »Jawohl!« sagte er ungerührt, »so sehen Sie aus!« Und es bedurfte vieler guter Worte und eines noch besseren Trinkgeldes, bis sein Mißtrauen geschmolzen war und er den Auftrag übernahm, den Rosenstrauß dem bewußten Fräulein auf die Bühne zu bringen.

Unverhoffte Bekanntschaft

Im Frühjahr 1925 wollte ich, zum erstenmal, nach Paris fahren, aber das französische Generalkonsulat ließ einen Schriftsteller nicht hin. Ja, wenn ich Kaufmann gewesen wäre! Nichts einfacher als das, meinte der mir befreundete Innenminister und erbot sich, mir über das Polizeipräsidium einen unverdächtigen Paß als Max Meier, Handelsvertreter, ausstellen zu lasssen.

Ich war aber für solch ein Wagnis zu feige und fand zum Glück noch einen andern Weg: eine amerikanische Presse-Agentur, die ich in München vertrat, forderte mich zu einer Besprechung an. Freilich waren nur acht Tage vorerst genehmigt, doch sollte das Ministerium des Auswärtigen in Paris, bei dem ich mich zu melden hatte, den Paß auf die gewünschten vier Wochen verlängern.

Mit nichts gerüstet als meinem bescheidenen Schul-Französisch, kam ich angstvoll durch die Vorzimmer – aber wie erleichtert atmete ich auf, als mich der leitende Beamte in bestem Deutsch ansprach und, nach einem Blick in meinen Paß sofort ein Fragegespräch über den Stand unserer Literatur begann, bei dem er, ich muß es schamvoll gestehen, weit beschlagener war als ich. Die

Paßangelegenheit, nur nebenbei behandelt, versprach er rasch zu erledigen, ich solle getrost in mein Hotel zurückkehren und abwarten. Erst, wenn ich binnen acht Tagen nichts hörte, sollte ich ihn wieder aufsuchen. Wir verabschiedeten uns herzlich.

Kaum, daß ich wieder draußen war, froh beschwingt, wie sich denken läßt, fiel mir ein, daß ich gar nicht wußte, mit wem ich gesprochen hatte. Mit dem Pressechef des Ministeriums halt, dachte ich, der als Germanist einmal in Deutschland war und den Stand unserer Literatur kennenlernen wollte. Doch erfragte ich nachträglich, daß es kein Geringerer gewesen sein mußte als Jean Giraudoux, dessen Stern schon damals im Steigen war und desssen Ruhm zehn Jahre später die Welt erfüllte.

Voller Vorfreude auf eine zweite Begegnung ging ich nach Ablauf der Frist wieder hin – aber welche Enttäuschung: ein tückisch-höflicher Herr erklärte mir, kurz angebunden, der Chef sei krank, die Erledigung meiner Angelegenheit solle ich im Hotel abwarten. Er sprach, natürlich, französisch, aber so fließend, daß ich nicht mitkam. Erst als ich, wupps, hinauskomplimentiert war, horchte ich seinen Worten wie einem Echo nach und reimte mir auch alles richtig zusammen. Ich blieb noch ohne Paß in dem oft recht ungemütlichen Paris, in letzter Stunde erst brachte ein Bote meine Papiere – den liebenswerten Dichter habe ich nicht mehr gesehen.

Der Brand des Glaspalastes

Viele Jahrzehnte sind vergangen, Schreckliches haben wir durchlebt, ganze Städte sind in Feuer und Schutt versunken, unwiederbringlicher Glanz der Erinnerung ist verloschen – oft genug stehen gesichtslose Riesenhäuser an dem Platze abendländischen Ruhms. Die Welt wandelt sich weiter. Und doch scheinen mir die Flammen des Münchner Glaspalastes, in der Nacht auf den 6. Juni 1931, heute noch ein Fanal kommenden Unheils gewesen zu sein, ein erstes Brandmal auf der Stirn unserer Stadt.

Mir fällt beim Sichten alter Schriften ein vergilbtes Zeitungsblatt in die Hand, mit der fünfspaltigen Fanfare: »Der Münchner Glaspalast ein Raub der Flammen!« und einem von mir aufgenommenen Lichtbild, das trotz aller seither miterlebten Riesenbrände so schauerlich wirkt wie damals, wo freilich das aus noch heiterm Friedenshimmel treffende Unglück ein heute kaum mehr vorstellbares Unglück von entsetzlicher, lähmender Gewalt war.

Ich war seinerzeit Schriftleiter der »Neuesten«, ich wohnte keine zweihundert Schritte von der Brandstelle; eilig, in die Setzmaschine hinein, mußte der Bericht geschrieben werden, denn schon am Mittag sollte das Sonntagsblatt erscheinen. Ich gebe nun, ohne eine Zeile zu ändern, meine Schilderung – auch eine Anekdote meines Lebenslaufs. Der Leser mag, als eines von vielen Beispielen, ermessen, was für schwierige Aufgaben einem »Zeitungsschreiber« gestellt waren, unterm Zwang der Stunde, ja der Minute das Ungeheure ins feste Wort zu binden.

Eine herrliche Sommernacht, weich und tief, duftend in Jasmin, Holunder und Robinien. Die Brunnen rauschen und die Bäume, am Lenbachplatz, im alten Botanischen Garten. Und wie verzaubert schläft die Stadt.

Und die dunkle Masse des Glaspalastes ragt vor dem späten Heimkehrer auf, ein sicherer Besitz, daran ich vorübergehe in der Vorfreude langen Genießens. Einen ganzen Sommer hindurch werde ich das flüchtig Geschaute betrachten können, die edle Kostbarkeit der Romantiker, ein seit vielen Jahren nicht mehr gesehener Reichtum deutscher und abendländischer Kunst. Vor wenigen Tagen erst ist das festliche Haus erschlossen worden. Und die jubelnden Klänge des Meistersingers-Vorspiels scheinen noch durch die Nacht zu klingen, der Stille verschwistert und dem Rauschen der Wipfel.

Aus erstem, tiefem Schlaf schreckt die Unruhe wüsten Traums. Der ist ausgelöst worden durch das Klingeln des Fernsprechers, geöffnete Türen, schlürfende Schritte. Aber ich bin schon längst aus dem Bett gesprungen, ich weiß zwar nicht, was geschehen ist, aber es ist ein seltsames Licht im Zimmer, und ein unheimliches Rauschen geht durch die Luft, wie von schweren Flügeln. Ein Blick aus dem Fenster: im rosagrauen Morgenschein regnet Asche, schwirren Funken. Und mein Bruder kommt: *Der Glaspalast brennt!*

Hiobsbotschaften solchen Ausmaßes sind zu furchtbar, als daß man sie im ersten Augenblick begriffe. Es hätte ebensogut heißen können: München brennt. Es wächst nur die Begierde, mit eigenen Augen zu sehen, was der Verstand nicht fassen kann.

Unberührt von der Erregung des Herzens bleibt die kühle Sachlichkeit der beruflichen Verantwortung. Ein alter Anzug, dem ein paar Brandlöcher nichts schaden, der Presseausweis, der die Absperrung erschließt, die Leica für rasche Aufnahmen. Dazwischen ein paar Anrufe — alles geht in fliegender Hast. Der Filmstreifen will nicht in die Kassette, es ist aufregend wie Ladehemmung beim Angriff. Aber fünf Minuten nach dem Alarm stehe ich auf der Straße, hundert Schritte von der Unglücksstätte entfernt.

Ein sanfter rosenfarbener Hauch weht in weiten Schleiern. Ein Rauschen ist in den Lüften, ein Knacken und leises Brodeln durch den grau erwachenden Morgenhimmel. Es ist genau halb vier Uhr.

Durch einen Regen von Ruß, Asche und glühendem Holz laufe ich die Karlstraße entlang gegen die Arcisstraße, dem mächtig lohenden Feuerschein zu. An der Straßenkreuzung steht ein Häuflein Menschen, ein paar

Schutzleute, drei, vier Feuerwehrmänner, im Widerschein der Flammen.

Und jetzt öffnet sich die schwarze Kulisse der Häuser und zeigt uns ein schaurig-schönes, ein ungeheuerliches, grauenvolles Bild: Der ganze Glaspalast steht in Flammen.

Schwarzes Gestänge aus Eisen, wie das Gerüst zu einem halbabgebrannten Feuerwerk, ragt in die lodernde Luft: die Nordfront des riesigen Gebäudes. Dahinter, durch Rauch und Flammen sichtbar, die noch aufrechte Südwand.

Der Blick irrt über das Feuermeer. Züngelnd schlägt es herauf, wie Brandung donnert es heran, sinkt hinunter, braust wieder empor, funkelnd, zerstiebend und verzukkend, mit breiten Zungen fressend, feige zurückgeduckt vor dem schmetternden Wasserstrahl und sofort wieder tausendfach anlaufend, höhnisch tanzend und winkend und wirbelnd.

Durch Dämpfe sticht das Feuer quer, an stürzende Trümmer klammert es sich und saust mit in die Tiefe, aufgewehte Fetzen verläßt es nicht im Fluge, den Schutt zerreißt es in berstenden Entladungen, holt sich Luft mit gierigem, pfeifendem Atem, zerbläst das Wasser zu Nebel, jauchzt neu empor, gebiert sich hundertfach aus sich selber. Von überall her saugt es sich an, in wabernden Lohen verflackert die Glut, in zischenden Dämpfen, in Schwaden zerwölkt der Rauch, in tausend Farbtönen spielt es, vom magischen Blau der huschenden Flämmchen, vom wehenden, singenden Reigen gelbflatternder Feuergewänder bis zum düstern Rot glühender Trümmer, zum Veilchendunkel schwelenden Rauches, zum hoffnungslosen Schwarz verkohlter Balken. Wenn je das Wort wahr wurde, daß die Elemente das Gebild der Menschenhand hassen, so ist es hier. Gebild der Menschenhand: Was da brodelt und braust, was da in Fetzen über den Morgenhimmel weht, was da knisternd birst und glühend schmilzt, begraben im Schutt, ein Nichts im Nichts, es war gestern noch der Ruhm der Nation, die Hoffnung und das Glück der Schaffenden, war vor allem kostbarstes Erbe deutscher Vergangenheit.

Die wenigen Schaulustigen, die in dieser frühen Morgenstunde an den Straßenzugängen stehen, werden von den Schutzleuten leicht in Schach gehalten. Die sengende Hitze und der wirbelnde Regen glimmenden Holzes und spritzender Glut hält sie mehr zurück als alle Verbote.

Der Presseausweis öffnet den Kreis. Auf der leeren Arcisstraße laufe ich nach vorn, dem trockenen, rauschenden Atem der Glut entgegen, im Funkentreiben, das dichter und dichter niedertanzt. An der Ecke Arcis-Sophienstraße halte ich, an die Hauswand geduckt. Vor mir, nah auf zehn Schritte, die schwelende, stürzende, rumpelnde Front des stählernen Gefüges. Rechts die Feuerwehrmänner, die bemüht sind, das kleine Haus zu retten, das sich, im Schatten der Glaswände, so reizvoll in den Bogen der Straße geschmiegt hat. Eine graue, schwarze, glutrote Kaskade, fällt soeben im zischenden Strahl des Wasssers eine Wand ein, poltert mit morschem Gemäuer, verbogenem Eisen, schmelzendem und splitterndem Glas und im Geriesel von Schutt und ausgeglühtem Gips in das grauenhafte Gewirr übereinandergetürmter Trümmer.

Aber das ist nur ein rasch aufgefangenes Bild, weit greller sticht es von links her in die ohnehin schon geblendeten, von Hitze und beizendem Qualm angehauchten Augen. Dieser Flügel des Gebäudes, gegen den Lenbachplatz zu, ist gerade jetzt der vollen Wut des rasenden Elements preisgegeben. Eine Feuergarbe, blitzend wie aus ungeheuerstem Gebläse angefacht, aus unsichtbaren Röhren gestoßen, aus Schlünden der Hölle gespien, zerschmeißt im Hui die Fenster, spuckt glühende Holzstücke wirbelnd in die Luft, die in einem Hexentanz quirlenden Rauchs zerfliegen; Feuer ringt das stöhnende Eisen nieder, daß es sich biegt und windet, leckt aus jeder Fuge neue Nahrung, Kitt und Farbe, Holz und Leinwand. Rasselnd und prasselnd fallen Glas und Gebälk, ein Platzregen von Feuer plätschert herab, in den steil, immer wieder neuen Brandes, sausende Fontänen schießen.

Die Bäume ächzen im Sturmesatem des Elements, die Stirnen der Häuser gegenüber schimmern in ausgestrahlter Glut. Der Funkenfall trommelt als ein leises, eintöniges Rauschen auf die Straße, auf die Dächer. Das ist ein Feuerwerk für sich, wie diese kleinen geflügelten Flammenwespen herumsurren, im aufgescheuchten Schwarm, gefährliche Sendboten des großen Unheils.

Die Hausdächer werden von den Einwohnern wie von der Feuerwehr bewacht. Die Leute tragen Wassser in den Speicher, achten darauf, daß sich nirgends die Glut in Sparren und Ritzen einzunisten vermag. Da und dort gelingt es gerade noch im letzten Augenblick, schon aufzüngelnde Lohe zu ersticken.

Die Hitze an diesem vorgeschobenen Posten wird unerträglich. Die Straßen sind, innerhalb der Absperrung, leer. Die prallen roten Schlangen der Schlauchleitungen liegen quer über dem nassen Asphalt. Und so riesig ist der Brandherd, daß das bedeutende Aufgebot der Feuerwehr kaum in Erscheinung tritt. Nur da und dort, das ist der äußere Eindruck, stehen ein paar Männer an den Spritzen — daß sie alle auf einem verlorenen Posten stehen, ist nur allzu klar.

War es auf der nördlichen Seite mehr das erschütternde, jeden Nerv erregende Bild schrecklicher Zerstörung, so bietet sich von der Südseite, wo zahlreiche Menschen auf der Freitreppe des Justizpalastes stehen, der schauerlich-schöne Anblick eines gewaltigen und wundervollen Schauspiels. Die ganze Breite der Glaspalastfront, umrahmt von den herrlichen Bäumen des alten Parks, ist aufgestellt wie ein Brillantfeuerwerk. In dem mächtigen Eisengerippe züngeln, bis in die höchsten Firsten hinauf, die bunten Flämmchen des brennenden Ölanstrichs. Die brausenden Orgeln lodernder Glut, deren zuckenden Ausbruch wir von der anderen Seite mit Grausen gesehen, schlagen im Innern und so gewissermaßen im Hintergrund der beinahe spielerisch irrlichternden Front. Nun wieder senkt sich, fast wie flügelschlagend zuerst, immer rascher berstend, platzend und hinschmetternd, ein Teil des Daches in die Flammentiefe, und klirrend zerschellen die großen Glasscheiben, reihenweise, in die tosende Brandung des Falles.

Dagegen hält das Gefüge der Südwand, trotz Hitze, Qualm und Erschütterung, noch aus, und selbst Fenster bleiben blind und rauchgeschwärzt in der Vernichtung.

Grau und veilchentief ziehen in schweren Schwaden die vom Morgenrot und vom Glast der Lohe beleuchteten Rauchwolken gegen Norden. Aufgeregte Taubenschwärme flattern immer wieder in den Hexenkesssel der Zerstörung. Die Tiere suchen ihre Brutstätten, vergeblich.

Der Tag wächst, zärtlich steht er über der ahnungslos schlafenden Stadt, als ich mich wieder der Nordseite des Feuerherdes zuwende, wo mit noch ungebrochener Gewalt der Wahnsinn wütet.

Hinter dem rosigen Qualm schimmert verblassend bleich der halbe Mond. Polternd stürzen Wände um Wände. Ein ungewohntes Bild erscheint: von der Arcisstraße aus ist nun der neue Justizpalast sichtbar. Ausgebrannt noch da und dort ein phantastisch hoher, schwankender Eisenpfosten, ein Stück Gerippe. In der Mitte die Türrahmen des Haupteingangs, um die welk und halb versengt der Lorbeer steht, der gestern noch deutscher Kunst galt. Die Masten ragen ohne Fahnen, aber wie zum Hohn klebt an einem Stück erhaltengebliebener Außenwand zerfetzt das Plakat: »Kunstausstellung München, 1931, Glaspalast . . .«

Alex Braun

Eine unvergeßliche Erscheinung der Münchner Lokalpresse war die Schriftstellerin Braunschild, die ihre Aufsätze und Besprechungen mit Alex Braun zeichnete. Woher sie kam, verliert sich im Dämmern vielfachen Gemunkels, zu meiner Kinderzeit war sie *schon,* zu meiner Schriftstellerzeit war sie *noch* da, eine alterslose Alte, mit einem »Pflegesohn«, der ihr wie aus dem Gesicht geschnitten war, und mit einem unvorstellbaren Aufwand von Jäckchen, Tüchern, Überwürfen, Pelzchen und Krimskrams behängt, mit silbernen Kettchen verschnürt, an denen ihr Lorgnon, ihre Uhr, ihre Döschen und wer weiß was sonst noch hingen, in geheimnisvolle Täschchen und Gürtel genestelt; dazu trug sie immer mehrere Ridiküle, gestrickte Segerer und dergleichen Behälter voller grauenhafter Unordnung und Schlamperei.

Sie trat hoheitsvoll wie eine Zigeunerfürstin auf, verlangte den größten Respekt, war mit keinem Platze zufrieden und quoll von den bittersten Bemerkungen über. Mehr als einmal bin ich als Anfänger auf sie hereingefallen, wenn sie an einer Veranstaltung kein gutes Haar ließ und mich aufforderte, gleich ihr eine vernichtende Kritik über derartige Bodenlosigkeit zu schreiben, es sei die heilige Pflicht der Presse, im Namen der Kunststadt München gegen Kunststümperei und gesellschaftliche Zumutungen aufzutreten.

Ich schrieb dann mutig, im Vertrauen auf solche (Braun-) Schildgenossenschaft, in den »Neuesten« einen geharnischten Bericht, um am gleichen Vormittag in der »Münchner Zeitung« eine zuckersüße Lobhudelei über das reizend gelungene Fest zu lesen.

Solch klaffender Widerspruch zwischen Wort und Tat kann einem freilich bei weitaus ernster zu nehmenden Menschen begegnen: ich habe in meiner graden Art mich schon mit manchem nicht mehr an den Tisch gesetzt, der einen meiner Freunde gekränkt hatte — und sah dann, als der einzige Abseitige, alle meine Freunde wieder am Tisch des eben Verfemten sitzen, wenn es was zu schmausen gab . . .

Die Postmeisterin

Irgendwo in den bayrischen Bergen liegt ein stattliches Dorf, und rings herum auf den Höfen hausen längst nicht mehr lauter Bauern, sondern städtische Ansiedler aller Art, Flüchtlinge und Großindustrielle, Filmdivas und Kunstmaler, abgedankte Offiziere und Schriftsteller.

Da ist es mit der Post nicht mehr so einfach wie vor dreißig Jahren, wo alle heiligen Zeiten ein Holzknecht oder ein Einödbauer einen aufregenden Brief gekriegt hat, womöglich »eingeschrieben«, aus München, aus Berlin oder gar von drüben, aus Amerika.

Die Gemeindesachen hat's halt gegeben, die Ladschreiben vom Landgericht oder Bezirkskommando und die gewöhnlichen Briefe und Karten für die paar Handwerker und Geschäftsleute. Und natürlich, die Lokalzeitung war das Alltägliche, der »Rosenheimer Anzeiger«.

Die durch den Bevölkerungszuwachs und die Umschichtung der Postbezieher gesteigerte Arbeit machten der behäbigen Frau, die in einem Stübchen ihres Hauses den Dienst versah, viel zu schaffen. Schwierig war's vor allem, immer auf dem laufenden zu bleiben, die Postkarten zu lesen, die Zusammenhänge zu erschnüffeln, kurz, bis an den Rand des Briefgeheimnisses alles zu erfahren, was von Wichtigkeit war und wert, als Neuigkeit in der Umgebung verbreitet zu werden. Nie verließ ein Kunde den kleinen Schalterraum ohne seelische Bereicherung, und die teilnahmsvolle, zweifellos einer Postkarte zu verdankende Frage etwa, ob sich der Schnupfen der Frau Gemahlin schon gebessert habe, mußte jeden rühren, der selbst ein gutes Herz hatte, und ihn zu weitläufigen Auskünften bereit machen.

Von den postalischen Schwierigkeiten, die jede ungewöhnliche Sendung mit sich brachte, wollen wir gar nicht reden, von der richtigen Freimachung, vom endlosen Blättern in den Dienstvorschriften und von den zweifelhaften Rechenkünsten – »jetzt hab i mi doch täuscht!« sagte die Postmeisterin treuherzig, nach langem Hin- und Herreden.

Hingegen wußte sie genau, wer für bestimmte Poststücke zuständig war: »Was a Roll'n is, g'hört an Herrn Architekt!« sagte sie, ohne lang auf die Anschrift zu blicken; und gab es getrost den Kindern mit, die sowieso an unserm abgelegenen Haus vorbeikamen. Leider war Irrtum nicht ausgeschlossen, und die Rück- und Umleitung war dann schwierig. »Man glaubt's nicht, wie schnell was liegen bleibt!« jammerte sie, wenn sie einem einen längst überfälligen Brief aushändigte – aber da war beileibe keine reumütige Entschuldigung herauszuhören, sondern nur eine Anklage gegen die Tücke des Objekts. Und selbst als mein Schwager, eben jener Architekt, dem alles gehörte, was eine Rolle ist, zum drittenmal nach einer dringend erwarteten Nachricht fragte und schon wieder im Weggehen war, rief sie ihn, ohne jedes Dienstversäumnisbewußtsein, ja, in freudiger Erleuchtung zurück: »Warten S' amal, Herr Doktor, da muß si' wo a Telegrammerl verschlupft haben!«

Und trotzdem trauern viele der guten alten Postmeisterin nach. Es gibt jetzt, nahe beim Bahnhof, in einem Neubau ein richtiges Postamt mit Bundesadler und gelbem Blechbriefkasten; und in die Arbeit, die früher die Frau allein gemacht hat, teilen sich nun zwei: eine fade Nokken, die sich für hübsch hält und an nichts denkt als an den Dienstschluß, und ein Jüngling (den zu schildern unweigerlich zur Beamtenbeleidigung führen müßte), der diesen Gedanken in endlosen Gesprächen ausspinnt, auch wenn der auf seine Abfertigung (»hier bedient Sie *Herr* Kagerer!«) wartende Kunde schon zum drittenmal zornig ans Schalterfenster geklopft hat.

Muncker

Wer je den greisen Geheimrat Franz Muncker gesehen hat, im Hochsommer gar, in einem altfränkischen Gehrock, hellgrau, ein verwittertes Strohhütchen auf dem kahlen Schädel, den Truthahnhals aus dem niedern Kragen wiegend, die große Nase schnuffelnd in die Luft gestreckt, der hat ein unvergeßliches Bild eines deutschen Universitätsprofessors älterer Ordnung fürs Leben mitbekommen. Aber er mußte ihn auch gehört haben, wenn er, dem goethischen Sänger gleich, mit eingedrückten Augen uns das »Rosenband« von Klopstock vorjubelte, mit dem Kopf wackelnd, selig lächelnd, zwischen den Zeilen manches Hoho und Höhö hinausstoßend oder einschlürfend, mit einem Wort, ganz der Wonnebrunzer, wie ihn die Studenten nannten, seit vielen, vielen Semestern.

Es war ein glühend dumpfer Nachmittag, wir schauten nicht mutig drein, wie dazumal die Ritter, sondern schläfrig verstohlen auf die Uhr, und ob die Schönen, unsere Kommilitoninnen also, in den Schoß geschaut hatten, weiß ich nicht mehr zu sagen, jedenfalls, eine schlummersüchtige Langeweile ergriff uns alle, bis auf den muntern Greis, der sich, von seinem Pult herab, wie ein Jüngling gebärdete.

Endlich war auch diese Stunde vorübergegangen, der Hörsaal leerte sich, ein Studienfreund, neben mir hinausgehend, machte laut seinem Ärger Luft, »dieses Geschwätz, es war unerträglich!« – als er mit Schrecken bemerkte, daß der Geheimrat dicht hinter ihm stand. Und bei diesem Mann sollte er in acht Tagen sein Examen machen!

Aber der harmlose Alte, mit dem Strohhut sich fächelnd, nickte uns strahlend an: »Nicht wahr, die Hitze war unerträglich! Ganz unerträglich!« Und entließ uns mit einem freudig einverständigen Höhö ...

*

Ein Studienfreund war anfangs der zwanziger Jahre daran, seinen Doktor zu machen, über Goeze, Johann Melchior Goeze, den starrköpfigen Gegner Lessings, sollte er schreiben; und beim Fahnden nach unbekannten Belegen kam er auch zum alten, grundgütigen Geheimrat Franz Munkker, um ihn zu fragen, ob er nicht ein Osternest wüßte, aus dem ein paar farbige Eier zu holen wären — Briefe zum Beispiel, die irgendwo versteckt sein könnten.

Der alte Herr sah ein Weilchen wie blind in das Nichts, hob den faltigen Hals aus dem Kragen: »Warten Sie!« krähte er mit seiner gebrochenen Stimme, schnüffelte in eine ferne Vergangenheit, duckte sich und streckte den Arm aus, als ob er's griffe, was ihm da vorschwebte, und dann sang er, ohne zu stocken, heiser und wohllautend zugleich: »Sechs Goezebriefe sind 1894 bei Holberg und Graupe in Berlin versteigert worden, und erworben hat sie ein Professor Anspitzer in Halle, Schillerstraße zwanzig« — und hielt inne, mit fast demütigem Blick, um sich für sein schwaches Gedächtnis zu entschuldigen — »es kann auch einundzwanzig sein!«

Gedächtnis

Bei einem Bummel durch Rom haben wir, meine Frau, meine Schwester und ich, in einem kleinen Ristorante an der Treppe zur Trajanssäule gegessen. Zuhause merkt meine Frau, daß sie ihren Schirm irgendwo stehengelassen hat. Aber erst nach Wochen fällt ihr ein, daß auch die

Gaststätte als Versteck des Verlorenen in Frage kommen könnte. Ich selbst bin schon wieder abgereist, aber dafür ist mein Sohn in Rom, und mit dem geht sie nun dorthin und fragt den Padrone, ob er sich nicht erinnere, daß sie schon einmal da war und ob sie nicht den Schirm hier habe stehen gelassen. Der alte Mann kann sich nicht entsinnen, denn allzuviele Gäste sind unterdes dagewesen — aber dann fällt's ihm plötzlich doch ein: »War das nicht der Herr, der nur Spaghetti gegessen hat?!«

Fräulein Asta

Die Kirche weiß schon, warum sie die Heiligen, die dii minores, gelten läßt. Den Petrus mag einer beschimpfen, wenn das Wetter scheußlich ist: er würde sich nicht getrauen, den Herrgott zu lästern, aber dem Petrus kann er seine Meinung sagen und schlimmsten Falles damit rechnen, daß der etwas wunderliche Himmelspförtner doch auch Humor hat.

Den heiligen Antonius darf er anbetteln, ihm das verlorene Taschenmesser wieder zu verschaffen, Gottvater oder unsern Heiland möchte er mit solch einer Lappalie nicht belästigen. Und wie wäre anders, unter christgläubigen Bauern, eine solche Meinung denkbar, wie die: »Was as Viech angeht, kann ja der Wendelin ganz gut sein, aber was die Roß betrifft, kann er an Leonhard net in' Arsch neischaugn!«

Nun dürfen wir freilich das Vertrauen zu den Heiligen nicht so weit treiben, wie es eine Bekannte von uns, kurz Fräulein Asta genannt, getan hat; sie war einmal eine recht gute Lehrerin gewesen, zuletzt war sie eine schrullige alte Jungfer, ein frommes Gemüt, sämtlicher vierzehn Nothelfer sicher und darüber hinaus noch manches Schutzpatrons, den unsereins gar nicht kennt.

Sie war berüchtigt wegen ihrer Vergeßlichkeit, aber wirklich muß sie im Himmel eine gute Fürsprache gehabt haben, denn alle Schirme, Brillen, Täschchen, Paketlein und Papiere, die sie irgendwo hatte liegen lassen, bekam sie mühelos zurück, die Fundämter warteten schon auf sie und begrüßten sie herzlich als alte Kundin.

Eines Tages wollte sie, bereits ein bejahrtes Mädchen, nach Amerika reisen, um ihren Bruder zu besuchen. Sie hob auf der Bank ihr ganzes Geld ab, um die Überfahrt zu bezahlen. Auf dem Heimweg jedoch, die vielen Scheine in der Handtasche, wurde sie unschlüssig, ob sie sich denn wirklich noch so weit in die Welt wagen sollte; sie gedachte den kühnen Plan noch einmal zu überschlafen.

Aber — wohin mit dem Geld? Es zuhause zu verwahren schien ihr zu bedenklich. Da führte sie der Weg am Bürgersaal vorbei, jenem schönen Bethaus in der Münchner Neuhauserstraße, darin der wundervolle Schutzengel von Ignaz Günther steht, zu dem sie schon oft ihre andächtige Zuflucht genommen hatte. Dies schien ihr ein Wink des Schicksals zu sein. Sie legte den Umschlag mit den Banknoten einem Heiligen zu Füßen; immerhin stützte sie ihr Gottvertrauen so weit durch irdische Überlegung, daß sie ihn in einer Nische verbarg. Andern Tags wollte sie das dem Himmel anvertraute Gut wieder abholen.

Allein, der Mensch denkt und Gott lenkt. Er lenkte ein Auto auf sie, so daß sie das Denken für eine Weile aufgab und mit einem gebrochenen Bein ins Spital gebracht wurde. Dort blieb sie viele Wochen, ohne, als ihr die Erinnerung zurückkehrte, irgendwen in ihr Geheimnis einzuweihen. Dann humpelte sie wieder in den Bürgersaal, schon selbst zweifelnd, ob der heilige Bankhalter ihr Vermögen so lange habe aufbewahren können. Sie griff in die Nische — und siehe, der Umschlag war noch da, unbeäugt von den tausend Blicken, die ihn so nahe gestreift hatten, unberührt von den Händen der Schnüffler oder der Putzweiber. Liegengelassen hätte das Geld ja die ehrlichste Seele nicht, der Pfarrer selbst hätte es freudig an sich genommen, im frommen Glauben, ein Sünder habe heimlich für schwere Schuld Buße getan.

Ein Frommer mag's für ein Wunder halten, ein Weltkind für einen Zufall, der abgeneigte Leser überhaupt für eine Flunkerei; aber ich werde doch nicht für ein paar tausend Mark, die mir obendrein gar nicht zustehen, meine Glaubwürdigkeit aufs Spiel setzen. Hingegen möchte ich, wie gesagt, selbst den vertrauensseligsten Menschen abraten, die Heiligen so zu überfordern. Oft ist ja nicht einmal bei der Apollonia drauf Verlaß, daß sie einem das Zahnweh vertreibt.

Die Wirtin

Der steinalte, aber muntere Doktor Pichler in Moosing ist am Samstag wie seit Jahrzehnten zum Schafkopfen in die »Post« gegangen, hat mit Glück gespielt und nebenher ein Paar Regensburger in Essig und Öl verspeist und drei Halbe Bier getrunken. Er hat einen graden, sauberen Strich unter die Spielziffern gezogen und schmunzelnd seinen Gewinn ausgerechnet. Dann hat er die Hände auf den Tisch und den Kopf auf die Seite gelegt – und maustot war er auf der Stelle – ein schönes, altbayrisches Schlagerl.

Am Dienstag ist er beerdigt worden, es gab hernach, wieder in der »Post«, einen guten Leichen-Umtrunk, an die hundert Mark hat danach der Schwiegersohn der Wirtin hingelegt; sie hat das Geld liebevoll eingestrichen und ganz beiläufig gesagt: »Da wären dann noch zwei Mark sechzig Pfennig für ein Paar Würst und drei Halbe, die hat der Selige nimmer zahlen können!«

Verwünschtes Glück

Auf dem Münchner Oktoberfest werden alljährlich Rekorde in den schroffsten Gegensätzen aufgestellt, die sich denken lassen: in unerschütterlicher Ruhe und in rasender Bewegung. Den Beharrungsrekord – ich glaube nicht, daß er überboten worden ist – hat voriges Jahr ein bayrischer Minister gehalten, der von zwölf Uhr mittags bis drei Uhr früh nur einmal den Stuhl gewechselt hat; und auch das nur, weil die Fischer-Vroni gegen Mitternacht schließen hat müssen und bloß noch ein verstecktes Weinstüberl den ganz Seßhaften Asyl gewährt hat.

Den Rekord aber in Bewegung habe vermutlich ich selbst gebrochen – o ahnungsvolles Wortspiel! Gebrochen habe ich leider nicht, aber drei Tage ist es mir schlecht gewesen wie einer vergifteten Ratte; doch davon später. An allem ist meine Wiesenbraut Konstanze schuld gewesen – verwünschtes Glück, das mich einsamen und bereits verdrossen mit dem Heimgehen ringenden Wiesengast in die Hände einer ganzen Blasen von Bekannten hat fallen lassen und – gleich bei der ersten Achterbahnfahrt in die Arme dieses Mädchens von harmlos-heiterer Gemütsart, unbändiger Lachlust und hemmungslosem Unternehmungsgeist – wer möchte auf der Wies'n höhere geistige Forderungen stellen? Und daß sie auch von angenehmem Fleische war, muß ich doch wohl bekennen.

Wenn einem alten Esel zu wohl ist, geht er aufs Oktoberfest. Mir war, als einem Mann in den besten Jahren, auch auf der Wies'n noch wohl, nur allzu wohl ist mir gewesen in dem Lachgeplätscher und Gruselgequietsche meiner zutraulichen Begleiterin, aber unterirdisch, das heißt, tief unter so überirdischem Glück, ist mir immer unwohler geworden, denn das holde Wesen schleppte mich jauchzend von einer Fahrgelegenheit zur andern, in immer höllischeres Musikgedudel und wilderes Gewirbel, vom Kettenkarussell in die Schiffschaukel, von der Stufenbahn in die rollenden Röhren, bis in all den Zentrifugen die Milch meiner frommen Denkungsart mir schon ganz deutlich als ein Butterklumpen im Magen schwappte.

Aber ein älterer Herr muß einem jungen Mädchen halt unter allen Umständen beweisen, daß er kein fader Kerl, sondern ein fescher Bursche ist – und daß man einem weiblichen Wesen nie so rasch und gründlich nahe kommt, wie in einer Schleudertonne auf der Wies'n, wo erlaubt ist, was gefällt, und durcheinanderpurzelt, und wo man sich täppischer stellen darf, als man ist – nun, meine Lieben, das brauche ich euch ja nicht zu erzählen.

Zum Schluß ist uns noch das Teufelsrad geblieben: es ist ein glattpolierter Schleuderkreisel, ganz flach, man setzt sich auf die schräge Rundfläche, der Kreisel beginnt sich zu drehen, jeder sucht sich zu halten, notfalls durch einen listig-lustig-lüstigen Griff, der manchmal ein Mißgriff, meist aber ein Übergriff ist: die geringste Gewichtsverschiebung fegt einen herunter, an den Rand hinaus, wo sich, zu scheußlichen Klumpen geballt, kreischend die Besiegten ein Weilchen wälzen, bis das Rad wieder stillsteht und der nächste Schub an die Reihe kommt.

Nur einen Punkt gibt es, von dem aus man der Schleuderwirkung zu trotzen vermag, das ist die Mitte. Wer da geschickt sein Gewicht in der Waage hält und ein bißchen Glück hat, der kann sich im wildesten Schwung behaupten – und dieses Glück, dieses dreimal verwünschte Glück habe ich gehabt. Alle waren herabgefegt, nur ich saß, zu meinem eignen Erstaunen, noch obenauf wie der Knopf auf dem Kirchturm. Es sauste und brauste, mir schwamm es vor den Augen, ich hörte, durch Schwaden von Übelkeit und stoßweisen Verlust des Bewußtseins das anfeuernde Jubelgebrüll der Menge, ich sah, in einem Schwirren von Farben und Formen, auftauchend und wieder weggewischt, den Feuerblick Konstanzes starr auf mich geheftet – dann drehte sich alles wie in einem Zauberkristall.

Schwindelnd saß ich, bog ich mich, duckte mich, krallte mich fest. Durchhalten! schrie es um mich, in mir – mein Hirn war leer, meine letzten Gedanken klatschten wirbelnd an die Wände. Nur mein Magen stieg in den Hals herauf, ich mußte ihn mit Gewalt immer wieder hinunterschlucken.

Zuletzt kam, unter dem tobenden Geheul der Zuschauer, der Sandsack. Er ist die letzte Waffe des Unternehmers gegen programmwidrige Dauerfahrgäste. Er wird von oben auf den Kopf gezielt – wer den Kopf wegtut, verliert unweigerlich das Gleichgewicht und wird von der Fliehkraft des Rades erfaßt. Dröhnend schlug mir der Sack ins Genick, einmal, zweimal, dreimal – ich hielt aus, das Rad stand still, der Unternehmer gab sich geschlagen, er überreichte mir einen großen Teddybären, ich war Sieger.

Der König Pyrrhus, seinerzeit, ist, mit mir verglichen, in einer beneidenswerten Lage gewesen. »Noch ein solcher Sieg«, hat er damals gesagt, »und ich bin verloren.« Ich aber brauchte auf keinen weiteren Sieg mehr zu warten: ich *war* bereits verloren! Oh, hätte mich doch der erste Schwung hinweggerafft! Am sanften Busen Konstanzes wäre ich noch ein paar Runden dahingetrieben, leidlich munter hätte ich die Teufelsbude verlassen, und wer weiß, welch glückhafte Wiesenabenteuer mich und meine Holde noch erwartet hätten!

So aber wankte ich, stolperte, taumelte ich hinaus, glasigen Blicks, ins Musik- und Lichtmeer der Wiesenstadt. Ich hatte den Rechtsdrall und tappte im Kreis herum – »Wo willst du denn hin?« fragte mich das Mädchen, aber ich wußte es selbst nicht. Die Hendl- und Steckerlfischgerüche würgten mich. Aber ich war viel zu krank, als daß mir noch ehrlich hätte schlecht werden können. Dumpfe Uh-Laute entrangen sich meiner Brust, soweit mein verwüstetes Innere überhaupt noch diesen Namen verdiente. In lichteren Augenblicken schimpfte ich mich selbst den heillosesten Narren, den die Erde, oder wenigstens das Teufelsrad, je getragen. Dann stieg wieder in Blasen alles herauf, ich schnappte nach Luft, das Gehirn kreiselte davon, die bunte Welt hob und senkte sich, »hoher Seegang« meckerte mich einer an, »Schlagseite« grinste ein zweiter. Ich steuerte wirklich mit letzter Kraft dem Ausgang zu.

Sterben hätte ich mögen, es wäre mir gleichgültig gewesen, wenn mich einer für den Lukas gehalten und mir den Holzschlegel auf den Kopf gehauen hätte. Unter Drangabe meines Siegespreises, des großen Teddybären, verabschiedete ich mich von meiner Wiesenbraut, die nach kurzen und herzlosen Mitleids- oder vielmehr Verachtungsäußerungen unverzüglich am Arm eines wieder aufgetauchten Bekannten den nächsten Toboggan erkletterte. Ich aber marschierte heim. Unsicheren, aber doch ausdauernden Schritts, Straße um Straße; keiner Trambahn, keinem Taxi hätte ich mich anzuvertrauen gewagt, denn von Zeit zu Zeit mußte ich stehenbleiben, von wilden Wellen überstürzt. Und wovon ich die Nacht und noch die nächsten zwei Nächte geträumt habe, könnt ihr euch denken: *nur* von meinem Siege!

Vergeßlichkeit

Niemanden freut es, wenn er bemerken muß, daß ihn ein sicher geglaubter alter Freund nicht mehr recht erkennt, oder gar ihm offen erklärt, er wisse nicht recht, wo er ihn hintun müsse.

Der Doktor Georg Hirth empfahl für solche Fälle, zur Entschärfung aller Peinlichkeit, sich mit der Selbstanklage zu verabschieden: »Drei Dinge kann ich mir gar nicht mehr merken: keine Namen, keine Zahlen – und das dritte habe ich jetzt auch vergessen!«

In heiterer Herzlichkeit ist, wenn auch nur bis zum nächstenmal, die Leitung wieder geflickt. Wehe aber, wenn die Verkalkung wirklich zu weit fortgeschritten ist! Ein alter Herr, willens, das probate Wundermittel anzuwenden, begann richtig mit treuherziger Pfiffigkeit: »Drei Sachen kann ich mir gar nicht mehr merken: keine Namen, keine Zahlen . . .«, aber kläglich schloß er, nach einer vermeintlichen Kunstpause, »jetzt bringe ich den Witz auch nicht mehr zusammen!«

Der Bergführer

Mitunter ist eine Unverfrorenheit gar keine, wenn man näher hinschaut: In Berchtesgaden, ein Bergführer – mein Vater hat's mir erzählt, ob's auch er aus zweitem Mund hat oder gar aus drittem, weiß ich nicht – der Bergführer also hat einen Herrn auf den Watzmann begleitet, keine schwierige Tour; und wie ihn der Herr am Unterkunftshaus ablohnt, mehr eine Hütte war's damals noch, um die Jahrhundertwende, kein Hotel, wie jetzt, da gibt er ihm in seiner Freude ein funkelnagelneues goldnes Zehnmarkstück, viel, viel mehr, als der Führer hätte erwarten oder gar verlangen dürfen. Der Mann grinst übers ganze Gesicht, aber plötzlich bleibt er stehen und schaut zum Abschied den Herrn schier traurig-bittend an. Der fragt, die Türklinke schon in der Hand, ziemlich streng über die Schulter, ob das nicht genug sei. »Naa, naa, eher z'viel!« beschwichtigt ihn der Führer, aber treuherzig setzt er hinzu: »Wenn S' mir halt noch a Maß zahln täten, damit i des Goldstückl net anreißen muß!«

Hüttengeschichte

Ich bin einmal in aller Hergottsfrüh von der Taxer Hütte aufgebrochen, um die Südkante des Törlkopfs zu besteigen; bis Mittag hab' ich leicht wieder zurück sein können, und drum hab' ich mir was Gutes bestellen wollen und hab' die Wirtin gefragt, was es gibt: Einen Schweinsbraten mit Kartoffelsalat, sagt sie freundlich, und ich schrei gleich Huhu und sag', sie soll mir bestimmt eine Portion aufheben, weil das meine Leibspeis' ist. Aber sie wiegt bedenklich den Kopf und meint, da müßte sie schon zuerst wissen, wo ich hinwollte. Auf die Südkante, sag ich verwundert; aber da schüttelt sie auch schon die Hand und erklärt barsch, nein, da werde nichts aufgehoben, da könnte einer zu leicht herunterfallen, und sie stünde dann da mit ihrem Schweinsbraten!

Stein vom Herzen

Wenn ich auf Lesereise unterwegs bin, weiß eigentlich nur meine Frau, wo ich an dem oder dem Tag erreicht werden kann. Und so erwarte ich denn auch keinerlei Nachrichten, bis ich, nach einer Woche oder mehr, wieder daheim bin. In einer rheinischen Stadt war ich eben im Begriff, gesammelten Geistes und angespannter Nerven, vor meine Hörer zu treten — erst wenn ich sitze und zu sprechen beginne, weicht die Aufregung von mir —, da stürzt der Veranstalter auf mich zu, schreckensbleich, vermutlich in letzter Minute um seinen Abend bangend: »Ein Telegramm für Sie!« Mir wanken die Knie, das kann nur eine Hiobsbotschaft sein, von zuhause! Ich reiße das Telegramm auf, starre auf den Text — und der sprichwörtliche Stein fällt mir vom wild klopfenden Herzen: »Wünschen Sie Tisch oder Pult?« steht da — der Leiter des morgigen

Vortrages, überbeflissen, hat offenbar durch eine Reihe von Ferngesprächen meinen Aufenthalt ausgekundschaftet, um mir diese wichtige Frage zu stellen, die ich ihm noch anderntags rechtzeitig hätte beantworten können.

Der Harmlose

Daß sich die Altbayern, wenn's drauf ankommt, dümmer stellen können, als sie sind, das ist nichts Neues; aber die dreisteste Geschichte hat mir einmal ein Assessor von Traunstein erzählt.

Da wird ein Fischerknecht vom Chiemsee ins Gericht eingeliefert, der unter dem Verdacht, einen Kameraden umgebracht zu haben, verhaftet worden ist. »So«, sagt der Untersuchungsrichter, »jetzt erzählen Sie einmal den ganzen Hergang!« – »Herr Amtsrichter«, sagt der Bursche treuherzig, »die Sach' ist so g'wesen: Der Jackl und i, mir haben miteinander ein Madl gern g'sehn. Und da samma neulich amal miteinander, der Jackl und i, übern See ummi gfahrn – und da hab eahm i an Renner gebn. Und i hab mir selber scho denkt, es wird eahm do' nix zugestoss'n sei, weil i'n seit dera Zeit nimmer gsehn hab'.«

Ein Erinnerungsblatt

So nobel werde ich die Weinstraße wohl nicht mehr befahren, wie damals, vor fast vierzig Jahren, kurz vor der »Machtergreifung«. Die Rheinpfalz war noch bayerisch, und es fand so was wie ein Staatsbesuch aus München statt, an dem ich als Vertreter der »Münchner Neuesten Nachrichten« teilnahm. Höchst vornehm saß ich als »dritter Mann« – den Schofför nicht mitgerechnet –

mit dem Innenminister Doktor Stützel und dem Justizminister Doktor Gürtner im Wagen, das Wetter war prächtig, die Landschaft bezaubernd, und unsere Gespräche waren, fernab jeder Politik, heiter und gemütlich.

Gleichwohl bleibt das Goethewort wahr, daß nichts schwerer zu ertragen ist, als eine Reihe von guten Tagen. Anstrengend waren sie, diese Tage, wo wir schon am hellichten Vormittag bei einem Geheimen Landesökonomierat vorfuhren, der uns zuerst ein Eigengewächs vorsetzte, einen halben Liter im dort üblichen Schoppenglas, und dann keine Ruhe gab, bis wir nicht auch den Besten kosteten, den er im Keller hatte, einen Forster, Deidesheimer oder Ruppertsberger.

Mittags war dann ein Festbankett, den Dämmerschoppen tranken wir bei einer Winzergenossenschaft, und abends gab es, zum Beispiel im Weinmuseum in Speyer, eine Weinprobe, die sich bis Mitternacht ausdehnte. Wenn auch die berühmten Pfälzer Bratwürste ein unübertrefflicher Magentrost sind – das alles wollte getrunken und vertragen sein, das »mauern«, nippen und ablehnen half bei so trinkfesten Gastgebern auch wenig, und daß ich's nur gestehe, drei, vier Tage lang kam ich aus einem bedenklichen »Spitzel« nicht heraus, und wie ich überhaupt als Berichterstatter eine Zeile schreiben oder einen vernünftigen Satz telefonieren konnte, ist mir heut noch ein Rätsel.

München gilt als eine Bierstadt, aber als ein inzwischen Weitgereister – durch meine Vorlesungen kam ich in viele Städte und Gaue Deutschlands – darf ich behaupten, daß wir Münchner auch vom Wein mehr verstehen, als man gemeinhin glaubt; und neben »Hopfen und Malz!« gilt auch der Spruch: »Bayern und Pfalz!« immer noch viel bei uns. Wer's nicht wahrhaben möchte, braucht nur in die Pfälzer Weinstuben in der Residenz zu gehen, oder gar an einer Sitzung erfahrener Weinbeißer teilzunehmen, die einen Oberhaardter von einem Unter-, ja selbst Mittelhaardter freiweg unterscheiden können. Mit der weltberühmten Weinkarte des Ratskellers in Bremen können wir uns nicht messen, aber so einfach wie anderswo (wo, verrate ich aus Höflichkeit nicht, es geht oft bis dicht an die Weinberge heran!) hat es der Herr Ober in München nicht, daß er nur zu fragen braucht: »Rot oder weiß?!« — wir in München wollen schon genauer wissen, was wir trinken — selbst wenn man's manchmal nicht so genau weiß.

Jedenfalls, auch meine Herren Minister waren ein Herz und eine Seele, wenn es um das Lob eines besonders guten Tropfens ging. Aber an dem Spruch »in vino veritas« muß ich seit jener unvergeßlichen Weinreise doch zweifeln. Denn nicht viele Monate später ließ der (weiterhin zum Reichsjustizminister gewordne) Doktor Gürtner seinen standhafteren Kollegen Doktor Stützel aus dem Bett prügeln und ins Gefängnis abführen, als hätte er nie mit ihm, wess' ich ja Zeuge war, so manches Glas auch auf sein Wohl getrunken.

Peinliche Verwechslungen

Ein Opfer von Verwechslungen zu werden ist, wie schon das Wort Opfer andeutet, keine angenehme Sache. Selbst wenn wir, als der vermeintliche Geliebte, in der Dämmerung einen Überraschungskuß bekommen, ist es mehr peinlich als beglückend, und wenn ein Schalterbeamter, wohlwollend zerstreut, tausend Mark vor uns hinblättert, die erst dem Herrn hinter uns zustehen, ist es schier demütigend, ihn auf den Irrtum hinzuweisen.

Aber es gibt ernstere, ja gefährliche Fälle. Als man noch Spazierstöcke trug, vor einem Menschenalter, stieg ich, ein junger Mann, mit einem solchen bewaffnet, ahnungslos in eine Straßenbahn; bewaffnet ist hier keine schal gewordene Redensart: mein Stock war eine Keule, silbertauschiertes Hartholz, ein Geschenk meiner russischen Tante, in Tula als Massenartikel hergestellt, in München freilich selten zu sehen.

Kaum, daß ich saß, stürzte eine aufgeregt kreischende alte Dame auf mich los, griff nach dem Stock und schrie gellend durch den voll besetzten Wagen, triumphierend, endlich habe sie den Dieb erwischt, der den Stock ihres Bruders gestohlen habe. Wir wollen uns nicht lange aufhalten, eine harmlose Geschichte, so ähnlich gewiß manchem Leser auch schon zugestoßen, mit Massenware, die sich ähnlich sieht wie ein Ei dem andern.

Aber kurz nach dem zweiten Krieg, das war schon abscheulicher: Wieder in der Straßenbahn, der rumpelnden, überfüllten, stinkenden; Mensch an Mensch gepreßt und ich ausgerechnet gegen einen schmutzigen, hohlwangigen, zahnfauligen Kerl gedrückt, der seine stechenden Augen unverschämt in mich bohrte und plötzlich losplärrte, er, an meiner Stelle, würde sich nicht mehr unter die Leute trauen, als ein Schinder und Mörder, den man auf der Stelle aufhängen müsse.

Es waren üble, bösartige Zeiten damals, sie sind heute denen schwer zu erklären, die sie nicht mitgemacht haben. Die Mitfahrer, trotz der qualvollen Enge, rückten von mir ab, ein paar Männer nahmen eine drohende Haltung gegen mich ein, gleich würde der erste Schlag fallen — noch lächelte ich krampfhaft, versuchte, meine Wut, meinen Schrecken verbergend, mit bebender Stimme dem Manne wie den Umstehenden zu erklären, daß hier ein verhängnisvoller Irrtum im Spiele sei — aber der Rasende überschrie mich: nichts von einem Irrtum, er kenne mich genau, schließlich habe er jahrelang Zeit gehabt dazu, im Kazett in Dachau, wo ich Kapo gewesen sei und einer der gemeinsten. Und es helfe mir nichts, daß ich mir den Schnurrbart abrasiert hätte.

Das mit dem Schnurrbart schien den Leuten auf eine infame Art einzuleuchten, sie wurden noch aufsässiger, meine Lage schien aussichtslos. Die sogenannten Gutgesinnten duckten die Köpfe oder starrten angespannt aus dem Fenster, was ging sie die Gaudi an, jeden Tag gab's solche Scherereien, heim wollten sie, sonst nichts. Die Bösen aber, und deren gab's viele — längst sind sie wieder gesittete Fahrgäste geworden, aber morgen schon wieder können sie Schimpfer und Schläger sein — die Bösen wollten es weitergetrieben sehen, bis aufs Blut; und schon schrie eine Stimme aus dem Hintergrund, man solle doch den verdammten Nazi hinausschmeißen.

Wenn ich je dankbar dafür war, ein stadtbekannter Münchner zu sein, dann war's in dieser Sekunde: ein Mann, mächtig wie ein Schrank, lüpfte sich von seinem Sitz. »Jessas, des is ja der Doktor Roth!« rief er mir fast fröhlich zu und wischte, wie beiläufig, meinen Peiniger zur Seite, um mir die riesige Hand zu reichen. »Hätt Eahna bald nimmer kennt!« sagte er gemütlich, »samma halt alle a bissel mager worn. Und Sie«, pfauchte er den immer noch aufbegehrenden Kerl an, »Sie san jetzt stad, sonst kriagn Sie's mit mir z'toan.« Die Volksmeinung hatte sich rasch gewandelt, die giftigen Blicke galten nun meinem Verleumder, und eine alte Frau fand sogar den Mut, zu zetern, es sei eine Unverfrorenheit, einen anständigen Herrn so zu verdächtigen.

Trotzdem, bei der nächsten Haltestelle stiegen wir aus, mein unbekannter Retter, weil er sein Fahrziel erreicht hatte, ich, weil es mir doch noch unbehaglich war, mit dem üblen Burschen weiterzufahren. Er konnte ja, haßerfüllt, wie er war, mir an der Endstation auflauern — und schwerlich würde ich ein zweitesmal einen so gewichtigen Zeugen meiner Unschuld finden.

»Des hätt saudumm 'nausgehn könna«, sagte mein Retter zum Abschied, »a so a Sauhund, wenn si' in oan verbeißt, den schüttelt ma' so leicht net ab — und Sie schon gar net« — wobei er einen abschätzigen Blick auf meine schmächtige Figur warf.

Auf dem langen Heimweg zu Fuß begriff ich erst schaudernd, welcher Gefahr ich entronnen war.

Ein Schicksal

Der Doktor Grauert, Sie kennen ihn, er ist einmal der lustige Doktor Grauert gewesen, wie wir noch in seligen Zeiten beim Weinwirt Neuner beisammengesessen sind jeden Donnerstag, der hat sich vergiftet, mitsamt seiner Frau. Er hat es oft schon vorgehabt, aber dann hat er sich immer wieder erfangen und hat gemeint, er müßt das Dritte Reich doch noch überleben. Und jetzt hat er sich umgebracht, und es ist eigentlich nur ein verhängnisvoller Irrtum gewesen, dem er zum Opfer gefallen ist.

Seine Frau ist eine Jüdin; da wissen Sie ohnehin, was er in all den Jahren mitgemacht hat. Vorladungen und Drohungen, Haussuchungen und Scherereien – aber er hat alles tapfer ausgehalten, im Grund hat er doch gern gelebt. Seine zwei Söhne sind in Amerika, da hat er gehofft, daß er auch einmal hinüber kann, wenn es soweit ist, und daß ihn dann die ganze Sache hier in Deutschland nichts mehr angeht.

Vor acht Tagen ist in seinem Blockhäusl in Grünwald eingebrochen worden. Und da kommt die Polizei zu ihm in die Wohnung, ganz sachlich und brav, um Erkundigungen einzuziehen. Wie er vom Fenster aus den Uniformierten aus dem Wagen steigen sieht und hört, daß er bei ihm anläutet, da faßt ihn eine plötzliche Angst, ein Überdruß, er rennt zu seiner Frau hinüber und sagt, jetzt hat er genug, das macht er nicht mehr mit; denn er denkt nicht an den Einbruch, sondern meint nichts anderes, als daß er oder die Frau jetzt abgeholt wird und daß ihn neue, scheußliche Qualen erwarten. Und er ist halt schon ganz zermürbt gewesen von den vielen Aufregungen.

Und zieht das Gift aus der Tasche und fragt seine Frau, ob sie mitwill, und die sagt schaudernd: Ja! und sie trinken das Gift aus. Aber es wirkt schlecht, und der Polizist findet sie noch lebend und begreift natürlich nicht, was da los ist.

Der Mann ist nach ein paar Stunden gestorben, aber die Frau, die Jüdin, ist — gerettet worden. Ich brauche Ihnen weiter nichts zu sagen, aber das sind Schicksale, eines von Tausenden, wie sie jetzt gang und gäbe geworden sind auf dieser grausamen und wunderlichen Welt ...

Das grüne Tischlein

Wer mir die Geschichte erzählt hat, weiß ich nicht mehr, wir wollen aber hoffen, daß sie lang genug zurückliegt, um keinen Lebendigen mehr weh zu tun. Es ist keine Geschichte vom grünen Tisch schlechthin, wie er zur Redensart geworden ist, sondern von einem allerliebsten, apfelgrünen Rokokotischlein, einer ganz außerordentlichen Schreinerarbeit, an der jedermann seine Freude haben konnte, auch der Staatsminister Wimmer, dem das reizende Möbel aus den Beständen der ehemaligen Hofhaltung zur Verfügung gestellt worden war, dergestalt, daß es nun schon seit einiger Zeit eine Zierde seines Vorzimmers bildete.

Der Minister, aus einfachen Verhältnissen kommend, verstand von der höheren Kunst nicht viel, aber schließlich wollte er sich keine Blöße geben; und als nun der und jener seiner Bekannten ihn drängte, er sollte doch das Tischlein, damit es besser zu den weißen Stühlen passe, auch weiß überstreichen lassen, wandte er sich an den Museumskonservator Doktor Haberl, der es geliefert hatte, um ein fachmännisches Urteil, ob eine solche Übermalung den Kunstwert des erlesenen Möbels beeinträchtige.

Doktor Haberl, längst auf die zur Zeit unbesetzte Stelle als Museumsleiter erpicht, hörte mit feinem Ohr den heimlichen Wunsch des Herrn Staatsministers heraus und versicherte sofort in liebedienerischer Beflissenheit, daß vom kunsthistorischen Standpunkt aus gegen eine solche Verwandlung des grünen Tischleins in ein weißes nicht das geringste einzuwenden sei. Worauf der Minister unbesorgt das Weitere veranlaßte und das erlesene Möbel mit einer dicken und dauerhaften weißen Kruste versehen ließ.

Ein Staatsminister ist gut, ein Reichsminister noch besser. Ein solcher, nennen wir ihn Mausgraber, und es gab ja so viele seinerzeit, daß niemand sich betroffen fühlen muß, hatte auch Vorzimmerschmerzen und wandte sich an den gefälligen Doktor Haberl. Er verstand vielleicht nicht viel vom Reichsregieren, aber von der Kunst verstand er etwas, und so ersuchte er den Konservator um nichts Geringeres als um einen der berühmten Wandteppiche, die dieser in Verwahrung hatte. Doktor Haberl machte sein Gewissen so weit, als es nur irgend anging und ließ dem Herrn Reichsminister das kostbare Stück postwendend zugehen, nicht ohne deutlich auf die unbesetzte Stelle hinzuweisen und zu verstehen zu geben, daß eine Liebe der anderen wert sei. Die Sache klappte vorzüglich, der Reichsminister setzte sich umgehend mit dem Staatsminister ins Benehmen, den er von früher her persönlich gut kannte. Alsbald sickerte es durch, daß an einer Ernennung des Doktor Haberl zum Museumsleiter nicht zu zweifeln sei.

Um ein übriges zu tun, sprach der Reichsminister, als er ohnehin auf der Ferienreise durch München kam, beim Herrn Staatsminister vor, und die Sache wurde so gut wie abgemacht. Im Hinausgehen sah der Reichsminister das verschandelte Tischlein im Vorzimmer stehen, und da er, wie gesagt, ein großer Kunstfreund war, der nicht leicht was Schönes vergißt, was er einmal ins Auge gefaßt hat, fragte er bestürzt, ob das am Ende das entzückende Tischlein sein sollte, das in seiner ursprünglichen grünen Bemalung so unschätzbar und selten gewesen sei, und wer denn zu solch einer Barbarei die Hand geboten habe.

Der Staatsminister, ärgerlich genug, mußte zugeben, jawohl, dies sei das Tischlein, erwähnte jedoch den unglücklichen Doktor Haberl mit keinem Worte. Kaum aber, daß ihn der Reichsminister verlassen hatte, rief er seinen Sachbearbeiter und befahl ihm, mit sofortiger Wirkung den Doktor Haberl wegen Umgehung des Dienstweges in die Provinz strafzuversetzen.

Der von solchem Unheil Betroffene saß ahnungslos mit seiner Frau beim Frühstück und stellte die herzerfreuendsten Erwägungen an, was er, ein so gut wie schon Ernannter Museumsleiter, als nächsten Schritt zum Generaldirektor zu tun habe; die Frau, die Morgenausgabe überfliegend, rief freudig, da stehe es ja schon in der Zeitung — und ließ, wie von einer Wespe gestochen, mit einem Wehlaut das Blatt sinken. Um so öfter las Doktor Haberl selbst die Nachricht, seinen Augen nicht trauend, fassungslos, mit wackelndem Kopfe.

Dies ist und will nicht mehr sein als eine wahre Geschichte, die dartut, wie leicht ein Mensch unterwegs verunglücken kann und daß selbst wehrlos scheinende Dinge sich zu rächen vermögen an einem, der ihren inneren Adel aufopfert für schnöde Streberei.

Sammelsurium

Eines der schönsten Aquarelle von Wilhelm Kobell ist, ganz nahe an mir vorbei, in die Hände des Doktor Geyer gefallen: mein Bruder Hermann war Altertumshändler, von Bildern oder gar von Blättern hat er nichts verstanden. Aber den Kobell, der ihm angeboten wurde, den hat er gekauft, so billig muß der gewesen sein und so bezaubernd, daß auch ein Laie den Handel wagen konnte. Vielleicht, ja ganz gewiß hatte der Bruder ihn mir zugedacht, dem Sammmler, mit kleinem Gewinn, wie es eben Brauch ist unter Brüdern.

Das war im April dreiunddreißig und ich kam heim mit der Meldung, daß ich fristlos entlassen sei, an die Luft gesetzt binnen einer Stunde, ohne die kleinste Hoffnung, als ein Verfemter irgendwo ein Stück Brot zu verdienen.

Mein Bruder glaubte, das rechte zu tun: er zeigte mir, dem jäh Verarmten, den Kobell gar nicht, er trug ihn zum Doktor Geyer, der ihn mit Freuden nahm um hundert Mark oder etwas mehr. Ich hätte das Blatt, meinem Sturze zum Trotz, sofort erworben, hätte ein Dutzend geringerer Blätter abgestoßen, um es zu behalten oder, wenn ich es schon hätte verkaufen müssen, vom Erlös zwei Monate leben können.

Enttäuschungen

An einem verregneten Augustsonntag ist auch ein Mensch und Christ auf den Himmel nicht gut zu sprechen; die Nerven lassen aus. Eine wildfremde Frau rief mich an, sie habe gehört, ich sei ein Fachmann für Spitzenbilder, sie verstehe nichts davon, habe jedoch eine größere Zahl von Heiligenbildern erworben, ob sie mir die zeigen dürfe. Natürlich, bitte sehr, sofort.

Ich bekam, eine Stunde später, einen Klebeband zu sehen, prall gefüllt mit den wunderbarsten, unglaubwürdigsten, märchenhaftesten — lieber Leser, setze getrost diese abgegriffenen Beiwörter fort! — Pergamentblättchen. Was ich in dreißig mühseligen Sammlerjahren nicht entdeckt hatte, ein blindes Huhn, was sag' ich, eine Gans hatte es gefunden, in Südtirol, just dort, wo ich oft schon, vergebens, herumgepirscht hatte. Eine uralte Dame war der Ahnungslosen verraten worden, um ein Spottgeld hatte sie der Zögernden den Band abgelassen; die wußte auch jetzt nicht, was für einen Fang sie gemacht hatte.

Ich vergilbte vor Neid, ich haderte mit dem Schicksal, ich stürzte mich in das Schwert meiner Verzweiflung. Am Montag früh, nach einer schlecht verschlafenen Nacht, war schönes Wetter, die Post brachte einen Brief, von einer unbekannten Gräfin, sicher wollte die nur ein Autogramm — aber nein: sie sei nun sehr alt, schrieb sie, ihr Leben lang habe sie Heiligenbildchen aller Art gesammelt, jetzt suche sie eine Heimat für diese kleinen Kostbarkeiten, nicht verkaufen, verschenken wolle sie alles, nur daß sie getrost sterben könne im Bewußtsein, daß dieser Schatz gut aufgehoben sei.

Ich haderte mit dem Himmel nicht mehr, ich schämte mich, es je getan zu haben, gestern erst besonders heftig; ich pries die wunderbaren Wege der Vorsehung — eine alte Gräfin, die ihr Leben lang gesammelt hatte, das mußte ja eine unschätzbare Gabe sein! In freudiger Zuversicht, den oft gerechtfertigten Argwohn unterdrückend im Jubel des beinah schon sicheren Besitzes, in Träumen schwelgend, fieberte ich der nahen Erfüllung entgegen. Gütiger Himmel, der mir hundertfältig das bringen wollte, was er mir vorbehalten zu haben schien!

Du fürchtest mit mir, geliebter Leser, daß die Sendung nie kam, daß die Gräfin gestorben war, ehe sie das Füllhorn auf mich ausgeschüttet hatte, daß ein frommer Pater dazwischen seine Klauen gebracht hatte, in letzter Stunde — nein, das Paket kam!! Der Himmel kann nicht heiterer sein als mein Gemüt beim Öffnen des Päckchens — aber auch ein Blitz nicht niederschmetternder, als der erste Blick, den ich auf den scheußlichen Schund warf.

Fehlleistung

Der Festredner hat, mühsam genug, seinen Text zur *Ein*weihung des Kriegerdenkmals gelernt, das am Sonntag *ent*hüllt werden soll. Mit scheußlichem Lampenfieber entledigt er sich seiner schweren Aufgabe und gibt sich bereits der Hoffnung hin, daß ihm seine Ansprache nicht übel gelungen sei. Nur kann er sich nicht erklären, warum unter den hochverehrten Zuhörern immer wieder Unruhe, ja sogar schlecht unterdrücktes Lachen ausgebrochen ist — bis ihm hernach ein guter Freund mitteilt, daß er beharrlich von einer *Denkmalsentweihung* gesprochen hat.

Vergeblich

Meine Schwiegereltern und mein Schwager waren brave Leute, aber gutgläubige Gefolgsleute des Führers; auf den ließen sie nichts kommen. Was auch gegen ihn sprach, galt ihnen als ausgemachte Lüge, im »Völkischen Beobachter« stand nichts davon. Und die letzte Zuflucht war immer, daß der Unfehlbare, wenn er's nur wüßte, wie ein Erzengel dreinschlagen würde.

In dieser Umwelt lebte eine halbgelähmte Tante, die ganz anderer Meinung war, die sich aber schon um des häuslichen Friedens willen bemühte, sich anzupassen. Es kamen die verhältnismäßig ruhigeren Jahre, mit dem Glanz der Olympischen Spiele; aber die trügerische Stille währte nicht lange. Und so entfuhr der gequälten Tante der Stoßseufzer: »Kaum mag man ihn ein bissel, schon ist's wieder nichts!«

Und seither . . .

Beinah ein Abenteuer

Krieg war's, Winter war's, die Finsternis noch verdunkelt, die Kälte unbeheizt, zwanzig Grad mochte es gehabt haben. Ich hatte in der Universitätsstadt gelesen, es wurde noch eine schöne, eine herzhafte, weingesellige Nacht im kleinen Kreise, dann, gegen zwei Uhr früh, brachten mich die fremden, soeben erst gewonnenen Freunde in mein Hotel. Im Stockdunkeln hatten sie mich in den Vortragssaal geführt, ins Licht, in die Menschenmenge, im Stockdunkeln auch irgendwohin verschleppt, in eine behagliche Behausung, und jetzt, in beißender Kälte, in eisiger Stille, begleiteten sie mich »nachhause« — ich hatte keine Ahnung, durch welche Gassen der alten, frostklirrenden, menschenleeren Stadt.

Wir kamen in dem Gasthof zur Krone an, es war, wie man so sagt, das erste Haus am Platze, einer der Gefährten drückte auf die Nachtglocke, es gellte scharf durch das ungeheure, das tote Schweigen der Straße, dann huschte ein Lichtschimmer aus der Tiefe des Hauses — der Abschied war kurz, wir froren alle, nicht mehr ganz nüchtern ohnehin; Händedrücke, herzlichen Dank, gute Reise, die Rufe, Schritte verhallten, wie verzaubert, so schnell, verschwanden die Begleiter um die Ecken.

Ich stand, guter Dinge noch, auf der Straße, die still war, wie mit angehaltenem Atem, abweisend, verschlossen, schlafend, nein — tot; die ganze Stadt eine starre Leiche, schneelos, pflasterhart, eiskalt — aber meiner harrte ein warmes Bett; hinter der Tür, keine drei Schritte weit, aber Zeit wirds jetzt, daß der Hausknecht kommt und aufsperrt.

Ich bin auf und ab gestapft, frierend, Eis bis zum Leib herauf, jetzt steh' ich und horche: kein Schlurfen, kein Poltern — lähmende Stille. Auch das mit dem Licht muß eine Täuschung gewesen sein. Finsternis, schwarzgrauer Hauch der Nacht. Nichts, nichts. Ein Uhrenschlag: vier hellere Klänge, zwei dunkle.

Ich läute noch einmal. Fern schrillt es wieder. Die Glocke also ist in Ordnung. Ich warte; es sind ja auch wohl erst fünf, sieben Minuten vergangen: kein Grund zur Beunruhigung.

Auf und ab, auf und ab. Ich friere erbärmlich. Nacht, nur Nacht. Und grimmige Kälte. Sprachlose Mauern, kein Laut, kein Licht, kein Stern, kein Mensch.

Ich drücke, mit schon pelziger Hand, ein zweitesmal auf die Klingel, lang, kurz, lang. Ich lausche, es gellt durchs Haus, aber nichts sonst, nichts rührt sich.

Ich überlege, was ich tun soll. Eine ebenso lächerliche wie peinliche Lage. Gefährlich? Natürlich nicht. Ich stehe ja noch fest auf den Beinen, ich bin nicht hungrig, was kann mir viel geschehen?

Aber auch: was kann ich tun? Wo meine Begleiter wohnen, ahne ich nicht. Wo der Bahnhof ist, vielleicht die einzige Stelle, wo ich einen Menschen träfe, weiß ich auch nicht. Soll ich laut schreien, um Hilfe gar? Es wäre anmaßend gewesen; schämen hätte ich mich müssen, Leute aus dem Schlaf geweckt zu haben, fremde Leute, nur weil ein Hausknecht taub war oder pflichtvergessen; wer weiß, man hatte das Fehlen des einen, späten Gastes gar nicht bemerkt, wähnte ihn längst in den Federn und durfte sich drum selber aufs Ohr legen, ohne mit dem andern zu horchen, in unruhigem Halbschlummer . . .

Nachsichtig war ich noch, eine Viertelstunde nach dem ersten Klingeln, aber dann drückte ich doch zornig wieder auf den Knopf, das Notsignal der Bergsteiger gab ich, sechsmal in gleichen Abständen.

Nichts rührte sich, geisterhaft, höhnisch war das Schweigen. Nun schimpfte ich doch, laut, ein Geschrei wurde es, ein Gebrüll – mit den Füßen schlug ich gegen die Tür, mir tat es weh, abgefroren waren sie, die Füße, aber die Tür war gefühllos, kaum, daß sie ein wenig schepperte, zwecklos war es, gegen sie zu wüten.

Nun war es eine halbe Stunde, daß ich so stand, oder hin und herging, drei Schritte links, drei Schritte rechts. Der Frost biß mir schon ins Gesicht, meine Hände waren klamm, nah am Weinen war ich. »So was Blödes!« sagte ich laut, »vor fünf Stunden noch unter Hunderten von Menschen, vor einer halben Stunde noch von Bekannten umringt und jetzt . . .«, ich sprach's, ich dachte es nicht zu Ende.

Ich war entschlossen zum Marsch durch die gespenstische Stadt; zum Bahnhof, zu einer Polizeiwache vielleicht: mitten in einer großen Stadt mußte sich doch ein lebendiger Mensch auftreiben lassen, ein später Wanderer, ein Eisenbahner, der zum Dienst ging: also los!

Und im selben Augenblick sah ich wirklich ein Licht geistern, Schritte näherten sich der Tür, Schlüssel rasselten. Ein verschlafener Alter streckte den Kopf heraus: Er habe sich also doch nicht getäuscht, und ob ich schon vorher einmal geläutet hätte.

Beinahe wär' es ein Abenteuer geworden, es blieb eine ganz und gar harmlose Geschichte, wie es immer ist, wenn etwas noch gut ausgeht. Ich gab dem Hausknecht wortlos eine Mark, was hätte ich auch lang mit ihm hadern sollen, er reichte mir den Zimmerschlüssel. Müde zum Umfallen, vor Kälte schlotternd, kroch ich ins Bett, unter tausend Gedanken schmolz ich, auftauend, in den Schlaf.

Warum ich das kleine Erlebnis erzähle, winzig, damals, im Krieg, in einem strengen Winter, wo die Soldaten reihenweise erfroren in Rußlands Leichenwüstenei, versteht vielleicht heute mancher nicht – wie sollte er's auch in einer so veränderten Welt?

Aber die Nutzanwendung mag jeder Leser wenigstens

daraus ziehen, wie ich sie selber gezogen habe: daß ich mich von meinen Begleitern – und mögen sie's bei klirrendem Frost oder auch nur strömendem Regen noch so eilig haben – erst dann trenne, wenn ich der Obhut des Hauses, sei es Herberge oder Luxushotel, mich in aller Sicherheit übergeben sehe.

Wunderlicher Lesestoff

»Krieg und Frieden« von Tolstoi gehört zu den Büchern, für die man viel Ruhe und freie Zeit braucht; aber schön gebundene Gesamtausgaben nimmt man nicht gern im Rucksack auf eine Hütte mit. Und so pries ich den glücklichen Zufall, der mich wenige Tage vor Antritt meines Urlaubs beim Antiquar zwei dicke Reclam-Bände finden ließ, die in schlechtem Gewand, aber spottbillig, den herrlichen Roman darboten. Hinein mit ihm in den Rückenbeutel zu Erbswurst und Selchfleisch, und heraus mit ihm, droben, auf der Alm, wo es keine Sünde gibt und wo darum auch das Geschichtenlesen am hellichten Werktag erlaubt ist.

Bald war ich in jener holden Leseglut, wie schon seit meinen Knabenjahren nicht, wo der Karl May noch unterm Christbaum verschlungen wurde. Aber was war das? Welch verhexte Leserei? Mitten im Satz brach der Text ab, und die nächsten Seiten grinsten mir voll baren Unsinns entgegen. Ein Teufelsbuch!

Bei näherer Betrachtung war aber auch der neue Text kein Unsinn, sondern schöner Weisheit voll. Daß ich's kurz mache: Die Bücher waren heillos verbunden und aus Bruchstücken von Tolstoi und – Pascal aufs anmutigste zusammengesetzt, hübsch abwechselnd Bogen um Bogen, aber beileibe nicht so, daß man nach dem Überblättern wieder auf die Fortsetzung gestoßen wäre: die war zweifellos in jenen unbekannten beiden andern Bänden enthalten, die irgendwo in der Welt einem ähnlich verzweifelten Leser ihre Possen spielen mochten. Ich fühlte mich an die Geschichte des närrischen Dieners erinnert, der seinem Herrn ein ungleiches Paar Stiefel brachte und auf die ärgerliche Zurechtweisung die traurige Antwort gab, das andere Paare sei genau so!

Draußen wütete ein Schneesturm, drei kurze Tage und drei lange Nächte war ich meinem wunderlichen Lesestoff unbarmherzig ausgeliefert. Pascals Gedanken wurden zu Gedankensplittern, Tolstois mächtiger Erzählstrom stürzte ins Nichts und floß unterirdisch weiter. Ich habe mich dann bescheiden gelernt und bin doch noch ganz glücklich geworden. Ich war ja noch gut daran, verglichen mit jenem Mann, der im Ersten Weltkrieg in Rußland gefangen, in seiner Einsamkeit nichts hatte als einen Fetzen einer Wiener Zeitung, die er in drei Jahren auswendig lernte. So weit habe ich's nicht gebracht. Aber »Krieg und Frieden« habe ich, zurückgekehrt, umgehend in einem Zug gelesen – Pascal, ehrlich gesagt, nicht; obwohl er es durchaus verdient hätte ...

Treue Anhänger

Im Februar 1941, der trüb und kalt war, wurde ich auf eine lange und mühselige Lesereise gehetzt, vierzehn Tage kreuz und quer durch das dunkle Deutschland, von Heidelberg nach Kassel, von Leipzig nach Swinemünde. Herrliche alte Städte sah ich zum ersten- und letztenmal, ehe sie in Trümmer sanken. In Würzburg vererbte mir ein eiliger Reisender kosten- und markenfrei sein bestelltes Mittagessen, aber, als es der Kellner endlich brachte, mußte auch ich es einem Nachfolger überlassen, weil mein Zug ausgerufen wurde.

Von Berlin aus sollte ich bei Langewiesche in Eberswalde lesen, bei dem rauschebärtigen Buchhändler, den ich oft hatte rühmen hören. Am Samstagabend mußte ich absagen, der Zug war eingestellt worden — also gut, am Sonntagvormittag! Wieder klappte es nicht: keine Verbindung! Wir einigten uns endlich auf den Sonntag abend. Der Zug fuhr, pünktlich sogar, in Berlin ab; er kam auch, kurz nach sieben Uhr, in Eberswalde an — aber zweihundert Meter vor dem Bahnhof blieb er stehen: keine Einfahrt! Die Kohlen, auf denen ich saß, kann ich gar nicht glühend genug schildern — die ungewisse Hoffnung, von Minute zu Minute, daß der Zug die kleine, aber entscheidende Strecke noch bewältigen werde, war das Schlimmste. Es wurde halb, dreiviertel acht Uhr, zehn, fünf Minuten vor acht Uhr: jetzt saßen die Hörer, soweit sie überhaupt zum drittenmal gekommen waren, erwartungsvoll im Saal. In letzter Verzweiflung tat ich, was ich gleich hätte tun sollen, — wenn ich's gewußt hätte: ich sprang unter den Warn- und Drohrufen der Mitreisenden tief hinunter auf die Gleise und lief, mit einem Koffer stolpernd, im Stockfinstern auf den nur ganz matt erleuchteten Bahnhof zu.

Natürlich setzte sich, kaum daß ich ihn überholt hatte, jetzt auch der Zug in Bewegung! Klappernd und schnaufend rollte er an mir vorbei, grade, daß ich noch zur Seite sprang. Der erste hatte ich sein wollen, nun war ich der letzte, der an die Sperre kam. Ohne Hoffnung hielt ich das verabredete Erkennungszeichen, das Buch »Ein Mensch«, in den schon abziehenden Strom der Menge: acht Uhr war ja längst vorüber. Aber siehe da: ein junger Mann ergriff meinen Koffer, der Sohn Langewiesche; und im Laufschritt eilten wir durch die dunkle Stadt, eine Tür tat sich auf — und im hellen Licht saßen die Hörer und Hörerinnen, Kopf an Kopf und, noch mit fliegendem Atem, begann ich zu lesen.

Im Künstlerhaus

Das berühmte Künstlerhaus ist während des Dritten Reichs, und fast bis zum Kriegsende, der Treffpunkt der Maler und Schriftsteller gewesen, unter der Schirmherrschaft der Gauleitung. Ich will nicht geradezu sagen, daß die Gaststätte ein von Spitzeln verseuchter Ort war, aber vor gefährlichen Nazis und mehr noch Nazissen hat man sich doch hüten müssen. Und sehen lassen sollte man sich doch, zum Beweis, daß man noch nicht eine beschattete »persona ingrata« war. Schließlich gab aber noch den Ausschlag, daß es einen Happen zu essen und ein Glas Wein zu trinken gab, als anderwärts nichts mehr zu holen war. Um es ehrlich zu sagen, wir Münchner Künstler haben da noch in schwerer Zeit manch leichte Stunde verlebt.

Natürlich lag überall der »Völkische Beobachter« auf, eines Mittags mit der balkendicken Schlagzeile: »USA kommunistisch durchseucht!« Mich alten, berufsmäßigen Wortspieler ritt der Teufel, ich überschmierte den ersten Buchstaben und zeigte meinen Witz: »SA . . .«, noch lachend meiner Frau, mit der ich zum Glück allein am Tische saß. Erst an ihrem Schrecken merkte ich, was ich da angerichtet hatte und schleunig ließ ich das Blatt verschwinden.

Übrigens, weil mir's gerade einfällt: Das Künstlerhaus war natürlich auch eine Hochburg der Parteigeselligkeit. Der berüchtigte Fotograf Hoffmann, betrunken wie immer, stieß an einem gewissen Ort mit mir zusammen: »Dich kenn' ich schon!« rief er mich an, »du bist das Schwein, das die Verserln macht.« Hinterher, wenn einem vor Wut die Nase zittert, fallen einem die schlagendsten Antworten ein, aber im Augenblick hielt ich es für geratener, mich wortlos zu drücken. Rund dreißig Jahre früher, nach dem Abitur, hatte mich mein Vater zu dem kleinen Bildberichterstatter in die Amalienstraße geschickt, er hat zwei Aufnahmen von mir gemacht, die ich noch heute besitze als Beweis, wie unglaubwürdig anders ich damals ausgesehen habe. Aber so verändert wie der einst so bescheidene und lustige Fotograf habe ich mich nun doch nicht.

Kleine Geschichten

Der Landdoktor von Haching ist ein großer Bergfreund und fährt seit Jahren mit seinem Wagen hinter zur Schwarzbach-Alm. Dazu braucht man eine Genehmigung des Forstamts, die drei Mark kostet. Aber eines Tages ist das abgeschafft, man darf überhaupt nicht mehr auf diesem Sträßchen fahren; auch der Doktor hat sich vergebens um eine Sondererlaubnis bemüht, und wie er, verärgert, grad aus dem Forstamt tritt, läuft er dem Wachtmeister in die Arme und macht seinem Herzen Luft: zu Fuß könne er den weiten Weg nicht laufen! »Müssen S' halt doch hinterfahrn!«

»Ja, und Sie schreiben mich dann auf!«

»Freili, freili schreib i Eahna auf, wenn i Eahna erwisch – des kost' zwoa Mark, des muaß's Eahna doch wert sein! Der Herr Amtsrichter fahrt ja aa hinter und zahlt – is ja um a Markl billiger wie frühers!«

*

Der neue, noch jugendliche Pfarrer von Etzenhausen ist ein übermoderner Herr. Er hat es durchgesetzt, daß das Gotteshaus ohne Rücksicht auf altmodische Gefühle im allerjüngsten Stil christlicher Kunst ausgestattet worden ist. Nun fragt er einen ergrauten Bauern, wie ihm denn diese Verwandlung gefalle. Der Alte kratzt sich bedächtig den Kopf. »Wissen S', Herr Pfarrer, früher, wenn ich in die Kirche kommen bin, da bin i auf die Knie g'fallen – jetzt fall' i auf'n Arsch!«

Mein Vater erzählt, wie er als junger Mann einen Bekannten durch die Stadt begleitet hat, wie sie in ein Gespräch gekommen sind, das abzubrechen ihnen schwergefallen ist. Da hat, vor einer Haustür, der Jüngling ihm den Vorschlag gemacht: »Warten S' halt zehn Minuten, ich muß hier bloß eine Stund' geben.«

*

Ein Münchner Arbeiter sitzt – es ist während des Zweiten Weltkriegs – in der überfüllten Straßenbahn; eine alte Jüdin steigt ein, den Davidstern an der Brust. Alle schauen betreten weg, aber der Arbeiter steht auf und bietet der Greisin gutmütig seinen Platz an: »Setz di' nur nieder, kloane Sternschnuppen!«

*

Der Alois hat die Monika sehr verehrt, aber sie hat dann einen Fescheren geheiratet, den Ferdl. Nach Jahr und Tag kommt sie zurück, ganz vergrämt und heruntergewirtschaftet. Der Alois schaut sie nur traurig an und sagt: »So hätt' i's aa no troffen!«

*

Im grünen Tal von Kreuth steht ein Wirtshaus an der Straße, kein gar großer Gasthof – und der Eingang ist nicht höher und breiter als eine gewöhnliche Haustür.

Eines Sonntags sehen die Bauern, die hinein wollen, den alten Säufer und Spaßvogel Reiter-Wastl davor stehen, wie er mit seinem Stecken die Tür abmißt, umständlich und genau; und dazu ungläubig den Kopf schüttelt: »Ma sollt's net moana«, sagt er ein übers andermal, »daß durch so a kloans Loch a ganz's Bauerngütl geht!« Und die Leut lachen, sie wissen nicht recht, ob's Reue ist oder ob's bloß Faxen sind; aber wissen tut's ein jeder, daß der Wastl seinen kleinen Hof in diesem Wirtshaus vertrunken hat.

*

Ein spät heimkehrender Münchner stellt sich an eine dunkle Wand – und schon tupft ihn der Arm des Gesetzes auf die Schulter. »Sie! da is fein koa Pissoir!« Der Münchner läßt sich nicht stören, er dreht nur den Kopf halb um und brummt: »Aber herg'hörn tat oans!«

*

Wir sitzen, mit Gästen aus dem Norden, in einer Wirtschaft beim Mittagessen – und rühmen grade das goldne Herz der Münchner Kellnerinnen, da hören wir, von der Küche oder Theke her, ein schauerliches Röcheln; wir blicken uns erschrocken an, aber schnell fasse ich mich und sage: »Aha, das ist die Espressomaschine!?« – »Naa«, ruft die umfangreiche Hebe fröhlich, während sie vier Knödelsuppen kunstvoll auf den Tisch stellt, »naa, as letzte Bier ziahgt!« Und, schon wieder im Abgehen, schaut sie uns alle recht freundlich an und sagt: »So tean mir alle amal!«

*

Der Bischof von W., Sebastian, war ein freundlicher Mann von etwas bäuerischer Herkunft. »Ich bin einmal«, erzählte er uns, »auf eine Firmungsreise mit der Bahn gefahren, in Zivil, den ganzen Ornat hatte ich im Koffer. Die Mitreisenden hatten keine Ahnung, wer ich war. Kurz vor dem Ziel bin ich hinausgegangen, mit dem Koffer, auf einen gewissen Ort und habe mich umgezogen. Sie glauben nicht, was die Leute für Augen gemacht haben, wie ich wieder erschienen bin.«

Es war wieder einmal, nach dem zweiten Krieg, kein Stäubchen Tee im Haus, und wir hätten dringend einen gebraucht, schon weil die Kanne niemals kalt wurde vor lauter Besuchen, die sich die Tür in die Hand gaben, um Erkundigungen nach all den Verschollenen einzuziehen und die zerrissenen seelischen Leitungen wieder zu flicken.

Tee war auch weit und breit keiner zu riechen, wobei ich gern zugebe, daß ich keine Nase für so was habe; geradeswegs aus der Hölle, nämlich der bewußten Möhlstraße, wollte ich ja doch keinen holen. Aber einer unsrer Zwangsmieter, ein hohes Tier in der neuen bayrischen Regierung, verriet meiner Frau eine geheime Quelle, die von echtem Tee sprudle, wenn man nur das Zauberwort wisse; er sei dort recht gut bekannt, freilich nicht nach Rang und Namen, aber meine Frau brauche sich nur auf den Herrn mit der Pelzkappe zu berufen.

Nun, dachten wir, wenn ein untadeliger Befestiger unserer jungen Demokratie sich so versorgt, können wir's auch wagen, meine Frau machte sich klopfenden Herzens auf den Weg – der war nicht weit: sozusagen gleich um die Ecke, in Gern, war die kleine, in ihrer Nachkriegsarmseligkeit unverdächtige Kramerei, meine Frau geht hinein, notfalls kann sie ja nach einer Schachtel Zündhölzer fragen, wenn die Luft nicht sauber sein sollte.

Es steht auch wirklich ein Mann vor der Ladenbudel, beinahe ein Herr, ziemlich gelangweilt, wie es scheint; und wie meine Frau hereinkommt und von der alten Frau, die bedient, begrüßt und nach ihrem Begehr gefragt wird, läßt er ihr höflich den Vortritt. »Ich hab' Zeit!« sagt er freundlich, mit einem ganz leisen Spott in der Stimme; und meine Frau denkt, aha, das wird so ein Schwarzhändler sein, der mit der Frau unter vier Augen was ausmachen und die eilige Kundin rasch loswerden will.

Sie geht also ganz nah zu der Kramerin hin und sagt, so beiläufig es ihr gelingt, sie solle einen schönen Gruß von dem Herrn mit der Pelzkappe ausrichten. Das freute die Alte sichtlich, und auch sie bat, dem Herrn ihre besten Empfehlungen zu übermitteln und ihn obendrein zu seiner Beförderung zu beglückwünschen. Meine Frau erschrak nicht wenig, als sie sah, daß ihr Gewährsmann zu viel auf seine Kappe genommen hatte; längst mußte die Kramerin Nam' und Art ihres geheimen Kunden erschnüffelt haben; und auf die Frage, was sie wünsche, kann sie nur leise hauchen: »Tee!« Die Alte ist von diesem Ansinnen gar nicht überrascht, laut und klar fragt sie zurück, Tee, freilich, und ob's ein Pfefferminz- oder ein Kamillentee sein soll? Und da im gleichen Augenblick der bisher so unbeteiligte Mann wie zufällig näher tritt, kriegt's meine Frau mit der Angst zu tun – wenn sie nur schon wieder draußen wäre! –, und sie sagt, als ob sie nie an was andres gedacht hätte, sie wolle lieber einen Pfefferminztee.

Die Kramerin nickt nur und geht in das Kabäuschen, um das Gewünschte oder vielmehr Verwünschte zu holen. Da tritt der Mann dicht neben meine Frau und flüstert, sie möchte natürlich echten, schwarzen Tee; davon habe er genug, sie solle nur kommen. Und nennt ihr seine Adresse.

Die Alte kommt zurück, mit einer Tüte Pfefferminztee, harmlos und heiter, als ob auch sie nie an was anderes gedacht hätte, meine Frau wickelt den Notkauf rasch ab und macht sich, unter den freundlichen Grüßen der Kramerin und des Unbekannten, aus dem Staube. Sie erzählt mir daheim die Geschichte, offensichtlich ist etwas schiefgegangen, aber wie und warum, ist uns beiden nicht recht klar. Jedenfalls, die Adresse war Goldes wert, für Leute wie uns, die so gar keine Beziehungen zur Unterwelt hatten.

Einmal hinschauen will meine Frau – sie zieht los, der Weg ist weit, aber er wird sich lohnen. Sie tappt durch Ruinen und Hinterhöfe, sieht eine Tür, die muß es sein.

»Bitte läuten!« steht da, und meine Frau will grad beherzt auf die Klingel drücken – da prallt sie zurück –, in der letzten Sekunde kann sie's noch lesen: »Zollfahndungsstelle München«. Auf Zehenspitzen schleicht sie zurück, eilig läuft sie davon und atmet erst auf, wie sie wieder auf der Straße ist, eine unverdächtige Fußgängerin unter vielen.

Sie ist tief gekränkt, wie ich laut hinauslache bei ihrem Bericht. »Gelogen«, sag' ich, »hat der Mann eigentlich nicht; ich bin überzeugt, daß er viel echten Tee hat – und daß er ihn dir verkaufen will, hat er, genau genommen, gar nicht versprochen!«

Trügerischer Glücksfall!

Im Herbst des achtundvierziger Jahres, gleich nach dem Währungsschnitt, fuhr ich mit meiner Frau nach Baden-Baden, dienstlich sozusagen, um meine Gedichte vorzutragen. Es war eine schöne Reise, wir machten sie, aller ausgestandenen Not zum Trotz und immer noch von Dürftigkeit begleitet, mit gelockerter Seele.

Wenn schon Baden ein gesegnetes Land ist, wie mußte erst Baden-Baden uns als eine glückliche Stadt erscheinen, als wir die Läden voller Gemüse und Obst erblickten, die Augen trieb es uns heraus; aber begreiflich war's wohl, wo doch die Weinberge bis in die Straßen hineinwuchsen und Wälder voll Edelkastanien ihre Früchte in alle Säcke und Körbe schütteten – man mußte sie nur unter die Bäume stellen.

So was von strotzendem Reichtum gab's bei uns in München nicht, da waren noch magere Zeiten, auch wenn die Hoffnung auf bessere schon schüchtern zu grünen begann; aber wenn wirklich einmal wo ein paar Büschel gelbe Rüben oder Stangen-Lauch zu ergattern waren, kein

Vergleich war's mit dem Angebot hier, keinem heimlichen, versteht sich; vor den Geschäften, unbekümmert weit auf die Straße hinausgestellt, waren die Köstlichkeiten gehäuft, und wir gedachten, nicht nur selbst Birnen und Trauben zu schmausen nach Herzenslust, sondern auch unserm Söhnlein daheim ein Kistchen Äpfel und ein Säckchen Kastanien zu schicken.

Freilich, die Hausfrauen standen auch hier Schlange, kein Wunder bei dem lebendigen Betrieb; und geduldig reihten auch wir uns ein, bis wir drankämen, allzulang konnte es ja nicht dauern. Es dauerte dann aber doch länger, meine Eßlust wurde immer größer, meine Beherrschung geringer, das Wasser lief mir, wie man so sagt, im Mund zusammen. Nicht der Eva bedurfte es, um mich zu verführen, im Gegenteil, meine Frau zischte mich zornig und beschämt an, als ich einen Apfel ergriff und hineinbiß, in meinem Übermut, an diesem goldnen Herbsttag, der das Leben leichter und freier machte; und als ich auch ihr eine Frucht bot, mit der leichtfertigen Erklärung, wir zahlten sie dann schon, da wollte sie nicht mehr bei mir stehenbleiben, fortlaufen wollte sie, ungeachtet des Vorteils, daß wir schon fast an der Spitze der Schlange standen, viele Wartende hinter uns. Also: Adam, Eva und die Schlange, nur in einer andern Rangordnung.

Aus Begierde, vielleicht auch, um meine Frau zu nekken, nahm ich nun gar eine Weintraube und zupfte sie, genüßlich Beere und Beere, in meinen Mund — und wäre, in jähem Erschrecken, beinahe an der letzten erstickt, ein schöner Dichtertod übrigens, denn war es nicht Anakreon, der liebesselige Sänger, der so starb, freilich fünfundachtzig Jahre alt, und ich war erst über fünfzig?

Jetzt wußte ich nämlich, wie vom Blitz getroffen, wie die Sache stand: eine Tafel, bislang von Vorderleuten verdeckt, zeigte die Preise in französischen Franken an, und zugleich, arg verspätet, fiel mir auf, daß die welsche Sprache so munter das Menschengewoge durchzwitscherte.

Nur für die Besatzungsmacht und ihre Angestellten galt all der Überfluß – was daheim in München die Amis aus ihren unbetretbaren Stapelplätzen bezogen, hier war es öffentlich – und doch geheim! – feilgeboten.

Ich legte die angeknabberte Traube auf den Haufen zurück, eilig, als ob jede Beere sich in eine Wespe verwandelt hätte – und entfernte mich, meine Frau mitziehend, rasch von der Stätte meines Frevels, ein Sterblicher, der unwissend unter die Götter geraten ist. Aber Hera war zum Glück nicht unter ihnen, die uns mit Argusaugen hätte verfolgen können. Unbehelligt kamen wir um die Ecke, und nun begann die wahrhaft diebische Freude bei mir zu überwiegen, die ich heute noch, nach mehr als zwanzig Jahren, verspüre, wenn ich des kleinen Abenteuers gedenke.

Der Käse

Wie verhungert wir in den ersten Nachkriegsjahren gewesen sind, können wir uns selber kaum mehr vorstellen, geschweige denn, daß wir es Jüngeren begreiflich zu machen vermöchten.

Eines Tages rief uns Paul Alverdes an, er habe von unserm Freund Zillibiller ein Laibchen Käse, ein Pfund vielleicht, aus dem Allgäu mitgebracht, es liege bei ihm in Grünwald bereit.

Wir wohnten in Gern, viele Meilen weit weg, am andern Ende der Welt. Trotzdem schwangen wir uns, meine Frau und ich, unverzüglich aufs Rad, die kostbare Gabe heimzuholen.

Schon in Forstenried waren wir völlig erschöpft und konnten der Verlockung nicht widerstehen, in dem so behäbig scheinenden Wirtshaus am Wege unsere letzten Lebensmittelmarken an ein armseliges Mittagessen zu vergeuden, das unsern Hunger nicht stillte, sondern erst in jene magenverzehrende Wallung brachte, die der Münchner mit Kohldampf bezeichnet.

Leicht könnte ich den Bericht noch mit der Schilderung von Pannen und Zwischenfällen anreichern, wie sie damals den Radlern drohten, bei brüchigen Schläuchen und durchgescheuerten Mänteln – aber nein, wir hatten Glück, wir kamen in Grünwald an und kriegten den Käse ausgehändigt; wir fuhren heimwärts, immer mühseliger, immer ausgepumpter. Nur der Gedanke an das Käslaibchen hielt uns aufrecht, von Tritt zu Tritt; ich mahlte schon mit den Kiefern und schluckte ins Leere hinunter, ein heißer Wahn ergriff mich, ein Tagtraum voll wilder Begier, wie wir abends dies Göttergeschenk verspeisen wollten, mit ein paar Kartoffeln gar, wie ich sie erst jüngst den Schweinen vom Rüssel weggestohlen hatte ...

In wessen schwarzer Seele aber – in der meinen oder in der meiner Frau – der Mordplan reifte, weiß ich nicht mehr. Jedenfalls widersetzte sich keins von uns dem Vorschlag, im Straßengraben zu rasten und den Käs an Ort und Stelle zu schlachten. Wir kauten und schlangen, schweigend und schuldbewußt, wir konnten nicht mehr aufhören, ehe der letzte Krümel verschwunden war. Wie Verbrecher wagten wir nicht, einander ins Gesicht zu sehen.

Drei Tage brauchten wir zusätzlich, um uns von den Anstrengungen dieser Fahrt zu erholen ...

Schwarzer Markt

Neulich, erzählt mir eine Frau, geh ich so recht einfältig meiner Nase nach, da seh' ich einen Mann in ein Haus hineingehen, das gar kein Haus mehr ist. Er verschwindet einfach hinter Trümmern. Und kaum ist er weg, da kommen wieder zwei, ganz zielbewußt biegen sie um die Mäuerchen, die da noch stehen. Und wie jetzt noch eine Frau genau an der gleichen Stelle in die Erde schlüpft wie eine Maus, packt mich die Neugier, und ich denke, wo die hingehen, kannst du auch hingehen, und irgend was wird schon los sein. Ich tappe also hinter der Frau her, durch einen Torbogen, einen Hinterhof, über einen Schutthaufen, in einen Keller. Da ist ein Dutzend Leute beisammen und mehr, die einen kommen, die andern gehen auf der andern Seite wieder hinaus; und ein paar Männer stehn da, Ausländer, so verdächtig, daß ich sie gar nicht beschreiben mag. Sie können kaum Deutsch, aber die Leute erwarten auch gar nicht, daß sie viel reden; auf einer Tafel steht: »Heute nur Chesterfield, vierhundert Mark.« Und jeder legt das Geld hin und zieht mit einem Paket Zigaretten ab.

Ich denk' grad, daß ich da sauber hereingefallen bin, denn Zigaretten will ich gar nicht, was soll ich alte Frau mit dem sündteuern Zeug, ich habe auch gar keine vierhundert Mark in der Tasche. Ich ärgere mich also grad über meine verfluchte Neugier, die mich da herunter gelockt hat, da kommen schon die Leute, die weggegangen waren, käseweiß zurück, und ich höre, wie die den krummen Schwarzbärten was zuflüstern. Die packen ihre Siebensachen zusammen, wie die Händler im Tempel auf der Flucht vor unserm Herrn Jesus Christus. Und es gibt ein Gedräng' zu dem Loch hinaus, wo ich grad hereingewischt bin, und ich denke mir, sauber, da bist du ja grad gekommen, wie die Polizei das Nest aushebt und mich armen Kiebitz mit.

Ich laufe hinaus, was ich laufen kann, aber da seh' ich schon überall die Schandarme mit dem Gewehr herumstehen und höre, wie sie brüllen: »Zurück!« und »nicht weitergehen!« Und die ganze Gesellschaft steht schlotternd da, und ich mittendrunter drin und weiß nicht, wie ich dazukomme, wie der Pontius ins Credo.

Vielleicht ist's manchmal ein Glück, wenn man einfältiger ausschaut, als man ist, und schließlich, ein gutes

Gewissen habe ich auch gehabt, und da gehe ich allein ganz einfach auf den Wachtmeister zu und sage: »Herr Wachtmeister, was ist denn da los, lassen Sie mich, bitt' schön, hinaus, ich such' den Herrn Pampelrieder, aber ich find' ihn nicht, der hat früher hier gewohnt, es ist ein Kollege von meinem Mann selig, und er ist ihm noch fünfzig Mark schuldig, und die hätt' ich gern einkassiert, Sie wissen, Herr Wachtmeister, eine arme Witwe kann heutzutage einen Fünfziger nicht schwimmen lassen . . .«

Ich hätte noch eine halbe Stunde weitergeredet, reden ist das beste, aber er hat mich recht grob angefahren, ich wüßte ja doch, was hier los ist, und ich sollt' meine Tasche herzeigen und alles Geld, das ich dabei habe. Die Tasche ist leer gewesen, wir haben alle zwei nur so ein bißchen hineingeschaut, und das Geld hab' ich recht umständlich aus dem Beutel genestelt und habe gesagt, es müssen um die dreißig Mark herum sein. Und es sind vierunddreißig Mark und fünfzig Pfennig gewesen. Und da hat er mich laufenlassen.

Ich bin noch eine Zeitlang an der nächsten Ecke stehengeblieben und hab' gesehen, wie die Polizei den ganzen Schwung Leute auf Lastwagen verladen hat, und jeden Winkel haben die Schandarme abgeleuchtet und den Plunder herausgezogen, den die Spitzbuben da haben verstecken wollen.

Hernach bin ich zum Bäcker Meixner gegangen, und wie ich da groß und breit meine Tasche aufmache, denk' ich, was liegt denn da unter dem Zeitungspapier — und ich meine, es trifft mich der Schlag: lauter Banknoten, ein Haufen Geld! Und ich werfe das Brot drauf und mache die Tasche wieder zu und schaue, ob's niemand gesehen hat, und das Grüßgottsagen wäre mir beinah im Hals stekken geblieben.

Daheim hab' ich das Geld gleich gezählt, und es sind zwanzigtausend Mark gewesen. Zuerst hab' ich gedacht, ich trage sie gleich auf die Polizei, aber schließlich, warum sollt' ich das Geld wieder hergeben, das ich so unschuldigerweise gekriegt habe?

Ich sag's aber nur Ihnen, im Vertrauen, erzählen Sie es ja nicht weiter. Und wenn Sie einmal was brauchen, dann kommen Sie halt, und wenn ich's noch habe, dann können wir schon einmal drüber reden . . .

Ein Teller Suppe

In der trostlosesten Nachkriegszeit, sechs- oder siebenundvierzig, kam ich nach Osnabrück, um den Menschen vorzulesen, die auch nach geistiger Nahrung hungrig waren.

Auch — gewiß, aber der wirkliche, der erbarmungslose, bis zu Wahnvorstellungen peinigende Hunger war denn doch noch der Zwingherr jener vieltausendköpfigen Menge, die in unbegreiflich schwarzem Gewühl durch die Straßen der zertrümmerten Stadt zog, hin und her, übermüde, auf lahmen, wehen Füßen; wo kamen all die Leute her, wo wollten sie hin? Wahrscheinlich wußten sie es selbst nicht. Es waren die verschreckten Ameisen, die blindlings in dem immer noch zerstörten Bau herumhasteten, der Deutschland hieß.

Aus friedlichen Zeiten kannte ich die wunderschöne Stadt mit ihren Zeilen von Fachwerkhäusern. Jetzt gab es nicht einmal leere Fensterhöhlen, in denen das Grauen hätte wohnen können, nur Brandschutt war geblieben.

Und dann stand doch noch ein Giebel da, schön und traulich wie einst; und ein Wirtshaus war's obendrein, gar mit einem heimatlichen Namen, oft war ich vor Jahren drin gesessen, »Zur Bavaria« hieß es oder so ähnlich, irgend was Bayerisches war's jedenfalls, ich hab's in mehr als zwanzig Jahren vergessen.

Aber nicht vergessen hab' ich, daß in der alten Gaststube ein gewaltiger Andrang herrschte, daß kein Stuhl mehr frei war, und daß die Menschen auch stehend sich glücklich priesen, wenn sie einen Teller ergatterten, ungewaschen, und einen Löffel, noch warm von des Vorgängers Mund, kaum daß sie ihn dann an der Joppe oder am Rockzipfel flüchtig abwischten. Denn, ein biblisches Wunder schien's, zwei oder drei Kellner gingen herum und schöpften aus großen Schüsseln Suppe aus, dampfende, nahrhafte, alle Sinne aufreizende Kartoffelsuppe.

Da just bei meinem Eintritt eine größere Gästeschar aufbrach, fand ich sogar Platz; und nicht nur ich, sondern dicht mir nachrückend, eine ältere Mutter mit drei Kindern, alle völlig erschöpft von ihrem ziellosen Herumlaufen, aber jetzt neu belebt von der Aussicht, hier einen Teller Suppe zu kriegen. Und um das Märchen ganz wahr zu machen, kam sogar eine flinke Magd mit einem Stapel leidlich sauberer Teller an, so daß auch mir die Eßlust wuchs, als jetzt der Kellner, der Reihe nach, diese Teller bis zum Rande mit der köstlichen Himmelsgabe füllte; aber noch froher griffen die Frau und die Kinder zu den Löffeln, es war ein rührender, fast möchte ich sagen, ein heiliger Anblick, dieses Leuchten auf den Gesichtern, diese tiefe Dankbarkeit der Mutter, diese fromme Begier der Kinder.

Und in diesem wahrhaft festlichen Augenblick – wir Satten von heute können ihn ja kaum noch begreifen – sagte der überanstrengte, gehetzte Kellner, über uns alle hindeutend: »Zehn Sondermarken, bitte!« Er sagte es gar nicht unfreundlich, aber kein Donnerwort hätte schrecklicher einschlagen können. Ratlos, ja vernichtet saß die Frau da, den Tränen nahe. Und als der eilige Kellner, ohne sich auf das Gestammel der Mutter einzulassen, die vollen Teller den Nächsten zuschieben wollte, begannen die Kinder in einem jähen Begreifen herzergreifend zu weinen: vom Gipfel des Glücks sollten sie in den Abgrund der Verzweiflung gestürzt werden.

Aber da hatte ich schon meine Brieftasche gezückt, einen ganzen Bogen Kartoffelmarken hielt ich dem Manne hin, daß er sich bediene. Die Stadtverwaltung hatte mich, als ihren Ehrengast, reichlich mit Lebensmittelmarken versorgt; daß diese bunten Papierchen, zur Sekunde mehr wert als alle Schätze der Welt, mich zu einem Zauberer machen würden, begriff ich selbst kaum. Und auch der Kellner, die Mutter, die Kinder wußten es nicht zu fassen, bis der Bann gebrochen war, bis nun die Löffel sich rührten und ein seliges Schmausen und Schmatzen anhob.

Ich darf mir schmeicheln, am Abend auch meinen Osnabrücker *Hörern* eine heitere Stunde geschenkt zu haben; denn manch frohes Gesicht sah ich, mitten in trauriger Zeit. Aber dergleichen hab' ich ja oft erleben dürfen, vorher und nachher. Daß ich jedoch, und genau besehen auch als Dichter – denn wie wäre ich sonst an die Kartoffelmarken gekommen –, ein wahres und handgreifliches Wunder habe wirken können, ist einmalig und unvergeßlich.

Rekorde

Unser Freund und Stammtischgenosse Doktor K., Mediziner obendrein, hat uns in jüngeren Jahren oft darüber staunen gemacht, was ein Mensch »auf einen Sitz« essen kann, ohne den geringsten Schaden zu nehmen. Dabei war er eher mager als dick, fröhlichen Gemüts, den Tafelfreuden zugetan nicht nur im Werk, sondern auch im Wort, denn während des Schmausens erzählte er von kürzlich genossenen Leckerbissen mit Begeisterung – manchmal freilich glitt er auch in Berichte aus seiner Praxis ab, dem Doktor Katzenberger nicht unähnlich, so daß manchem Mitspeisenden sein Kalbskopf oder seine Blutwurst nicht mehr schmecken wollte.

Seit Jahren schwebte eine Wette zwischen uns: der halb im Scherz Herausgeforderte sollte seinen Schwur wahr machen, zwanzig Weißwürste pausenlos zu verschlingen. Bei einem Ausflug nach Wasserburg war es soweit; der oft Gehänselte zeigte sich bereit, die kühne Tat — oder vielmehr Untat — zu wagen, vielleicht nicht bedenkend, daß in der behäbigen Landstadt die Würste weit dicker waren als in München.

Wir setzten uns also in dem weitgerühmten Wirtshaus zum Frühschoppen, die Kellnerin, die gewiß an manchen kräftigen Esser gewohnt war, nahm mit Erstaunen die Bestellung entgegen, und alsbald dampfte eine gewaltige Suppenschüssel vor dem Freunde, der bedächtig Wurst um Wurst aus dem Hafen fischte, kunstgerecht aufschlitzte und sich einverleibte. Bei der dreizehnten ging es langsamer, und wir beschworen ihn, dem immer grausamer werdenden Spiel ein Ende zu machen. Aber sein Ehrgeiz war nicht zu überwinden, er würgte weiter, und wirklich verdrückte er auch noch die zwanzigste; allerdings gestand er uns später, daß er den Fehler gemacht habe, alle Würste auf einmal zu bestellen; denn sie waren kälter und kälter geworden, und wer einige Erfahrung im Weißwurstessen hat, der weiß, daß schon eine lauwarme kein wahrer Genuß mehr ist; beinahe, so gab der Doktor zu, wäre seine Wette wirklich an jener dreizehnten gescheitert.

Wir gingen dann fröhlich durch die schöne Innstadt, unserm Freund war keinerlei Erschöpfung anzumerken; ja er hatte sich so erholt, daß er, anderthalb Stunden später, als wir uns zum Mittagessen setzten, ein schönes Stück Waller verzehrte, mit der Begründung, dieser Fisch sei seine Leibspeise, und er könne die seltene Gelegenheit, ihn zu kriegen, unmöglich auslassen.

Viele der einstigen Stammtischler sind seither gestorben, der Dichter Georg Britting etwa oder die Maler Troendle und Unold, aber andre leben noch, die's bezeugen können, vor allem der Held dieser Geschichte selber, über siebzig Jahre alt, einem guten Schmaus nach wie vor zugetan, auch wenn er eine Wette, wie die eben erzählte, nicht mehr wagen würde.

*

Oft und oft werde ich, als Münchner, gefragt, ob es denn wahr sei, daß da, in unsrer Zeit noch, Männer gelebt hätten, die an einem Tag, ja auf einen Zug gewissermaßen, dreißig Liter und mehr trinken konnten — und ich mußte es bestätigen und diese Männer schildern, zwei Zentner schwer und noch schwerer, rundbäuchige, wamperte, wie es in der Landessprache heißt, Walrösser, Bier-See-Elefanten, die eine Maß auf einen Zug austranken und den leeren Krug hinlegten, der Kellnerin zum Zeichen, daß sie ihn schleunigst neu gefüllt haben möchten.

Grausliche Sachen werden erzählt aus der alten Hofbräuhausschwemme, wo, horribile dictu, die Stammgäste viele Stunden lang zusammensaßen und auch drin blieben, wenn sie eigentlich hätten hinaus müssen; sie hatten Sorge, ihren schönen Platz zu verlieren — und ließen ihr Wasser, geräuschlos an ihrem Hakelstecken entlang, auf den Boden rinnen, der ohnehin ein wüster Sumpf war.

In unserer Kinderzeit hörten wir von einem Dienstmann, der als Säufer berühmt war; zuletzt vermaß er sich, auf Grund einer Wette ein Ofenrohr zu fressen oder vielmehr, es zerfeilt mit Bier durch seine Eingeweide zu schweiben. Er hat dann doch die Wette und das Leben verloren.

Wieweit das wahr ist, weiß ich nicht; aber zwei Geschichten sind mir von durchaus glaubwürdigen Männern berichtet worden, über Bier-Rekorde, die kaum überboten werden können. Der eine ist ein Meistertrunk, den mir bei einer Salvatorprobe mein Tischnachbar, der Brauer selbst, erzählt hat. Als junger Bräuknecht hat er ein Schaff mit neuem Bier, zehn Liter, eher mehr, durchs Haus getragen und, da er rasch was andres zu erledigen hatte, auf einem Gang abgestellt. Als er nach einer knappen Viertelstunde zurückkam, traute er seinen Augen nicht: das Schaff war leer. Kein Mensch war weit und breit zu sehen, nur ein Anstreicher stand im Hintergrund und weißelte die Wand. Der ratlose Bräubursche fragte ihn, ob er vielleicht jemanden gesehen hätte, der das Bier ausgeschöpft und fortgetragen haben könnte. Der Maler, ohne seine Gemütsruhe zu verlieren, zwickte listig ein Auge zu und sagte: »Mach koane Tanz, i hab's ausg'soffen!«

Die andere Mär klingt vielleicht noch spaßiger, aber sie ist nicht minder verbürgt. Ein Bekannter von uns, ein Norddeutscher, war mit den Seinen in Oberbayern zur Sommerfrische und ließ sich, um behaglicher im Freien zu sitzen, vom Zimmermann Tisch und Bank unter einem Baum aufschlagen, ganz einfach, je vier Stempen in den Boden und ein Brett darüber. Der Zimmermann war kein Dicker, kein Bierbauch, im Gegenteil, groß war er, starkknochig und hager – wer sich auskennt, der weiß, daß solche Männer allen Fettwänsten noch überlegen sein können. Auch der unsre, der aussah wie der Tod, von seinem Schnauzbart abgesehen, gab auf die Frage nach der Schuldigkeit nur die bescheidene Antwort, der Herr solle ihm halt am Sonntag das Bier zahlen. Er setzte sich, in aller Herrgottsfrüh, in den Wirtsgarten, ein heißer Tag wurde es obendrein, und als er um Mitternacht wieder aufstand, hatte er 102, in Worten einhundertzwei Halbe getrunken, die letzten zwei nur der Sicherheit wegen, daß die hundert nicht angezweifelt würden.

Ich sehe voraus, daß der und jener mich der Aufschneiderei oder zum mindesten der fahrlässigen Gutgläubigkeit bezichtigen wird; aber ich hoffe doch, daß es noch Fachleute und Kenner gibt, die mir bezeugen, daß so was möglich ist – nur in Bayern natürlich.

Isarfischer

Als ich an der Isar wohnte, habe ich viele Fischer gesehen; von meinem Fenster aus konnte ich sie beobachten. Wenn Zeit Geld wäre, müßten es lauter steinreiche Leute sein. Steinreich ist aber nur die Isar, dafür aber fischarm. Vielleicht wäre es für den Seelenfrieden der Fischer besser, es gäbe überhaupt und erwiesenermaßen keine Fische in der Isar. Dann würden nämlich selbst die zähesten Optimisten das Fischen aufgeben und sich viel Ärger, Kosten und Rheumatismus sparen. Unseligerweise erschüttert aber in ruchlos abgemessenen Zeitabschnitten das bekannte »Lauffeuer« die Gemüter, es habe ein Mann an der Bogenhausener Brücke einen fünfunddreißigpfündigen Huchen gefangen. Im Gasthaus zum Tannenbaum ist ein großes Huchenessen angesagt; also muß es wahr sein.

Daraufhin eilen sofort sämtliche fischereiberechtigten Männer an die Bogenhausener Brücke, und zwar mit dem schwersten Angelgerät, denn es gilt, jetzt einen Vierzigpfündigen zu fangen. Die Hauptsache bei einem richtigen Isarfischer ist, neben der Geduld, die Ausrüstung. Nur so vom Ufer das Schnürl hineinhängen ist keine Kunst. Der wahre Sportangler fühlt sich erst wohl, wenn er, mit Gummistiefeln ausgerüstet, bis zum Bauch im eiskalten Geplätscher der rauschenden Karwendeltochter (das ist ein herkömmlicher poetischer Name für die Isar) herumwatet.

Es gibt Fische in der Isar. Nicht nur, weil an den Überfällen und Schleusen sogenannte Fischstiegen eingebaut sind, die übrigens nicht mit den Froschleitern verwandt sind, jedoch beweisen, daß man flußbauamtlicherseits mit dem Vorhandensein von Fischen rechnet, sondern weil ich selbst welche gesehen habe. Vor zwei, drei Jahren zum Beispiel war der Fluß ungewöhnlich seicht und klar; im Sommer war es, und sehr aufregend ist es gewesen, die Leute sind herbeigelaufen und haben mit Fingern ins Wasser gedeutet: da hat es geblitzt und geblinkt, und dunkle Schatten sind ganz deutlich den Strom hinauf-, hinuntergezogen. Die Leute haben die Fischer geholt, wie man den Schutzmann holt, und sie beschworen, die Fische gewissermaßen zu verhaften. Es waren freilich nur Weißfische, und vielleicht hatten die Fischer nicht das richtige Angelzeug mitgenommen. Das ist nämlich eine Wissenschaft für sich (nicht nur Sport!), wie man die Huchen oder die Brachsen fängt. Die einen mit dem Metallblinker, einem künstlichen Fischlein, das freilich nur in der raubgierigsten Eile nicht für Blech gehalten werden kann; aber raubgierig sind eben die Huchen. Die Weißfische aber muß man mit Brot, Würmern, Käs' oder Maikäfern fangen, auch mit Kirschen oder gestocktem Blut, je nachdem, ob Obstbäume oder Schlachthausabwässer in der Natur vorkommen; die weltberühmte Sauberkeit der Isar erschwert da den Anglern ihre Auswahl an Ködern ungemein.

Noch geduldiger als die Fischer selbst sind die Zuschauer; sie möchten, ohne selbst ein Los zu besitzen, an der Heraus-Ziehung beteiligt sein und erfreuen den nichtserwischenden Stümper durch fachmännische Ratschläge.

Besonders unternehmende, freilich nicht mehr ganz sportgerechte Angler haben gleich mehrere Eisen im Feuer oder vielmehr im Wasser. Stumm stehen sie da und überwachen ihren Großbetrieb.

Daß man von der Großhesseloher Brücke aus mit scharfem Blick tief drunten Fische sehen kann, sei nur nebenher bemerkt; fangen kann man sie von hier aus nicht, nur ein Seeadler vermöchte das.

Hingegen habe ich in jenem seichten Jahr unterhalb der Prinzregentenbrücke eine gewaltige Forelle zwischen den Ufersteinen erblickt, und beinahe hätte ich mich hinreißen lassen, den altgeübten Knabenscherz zu versuchen, sie nämlich mit der Hand zu fangen. Wetten, daß ich sie erwischt hätte! Aber als Herr in den besten Jahren paßt man mehr darauf auf, nicht selbst erwischt zu werden, und so hab' ich es sein lassen. Wer weiß, wieviel Augenpaare von der Widenmayerstraße auf mich geblickt haben mochten. Fischer werden ja immer beobachtet. Ich selbst habe früher viel gefischt, aber in der Isar nur als Bub mit dem Taschentuch – die Beute war nicht der Rede wert.

Übrigens soll man die braven Isarfischer nicht ausspotten und sich auch keine unrechten Gedanken darüber machen, daß sie am hellichten Werktag soviel Zeit haben. Ich hab' einmal einen drum gefragt, und der ist Nachtschichtler in einer Fabrik gewesen. Also nur keinen Neid, sondern ein fröhliches »Petri Heil!«

Enoch Arden

Diese kleine Geschichte bezieht ihr Recht, erzählt zu werden, nur aus dem Umstand, daß sie vollkommen wahr ist. Ich hatte ein paar Einleitungszeilen zu einem Aufsatz zu schreiben, der ein »Enoch-Arden-Schicksal« schilderte – altbekannte, jedermann geläufige Geschichte von dem Heimkehrer, der seine Frau mit einem andern verheiratet findet. Enoch Arden, ich mußte gar nicht erst nachsehen, war ein Versepos von Esaias Tegnér, schwedischer Dichter, für den Nobelpreis zu früh gestorben, Mitte der vierziger Jahre. Gelernt ist gelernt, in der Schule gelesen, neben der berühmten »Frithjofs-Saga«, stinklangweilig wie alles, was man auf dem Pennal durchackern muß.

Gründlich, wie ich bin, schaue ich aber hinterher doch in meinen Meyer; eine ganze Spalte steht da über den größten Geist der schwedischen Literatur, aber über Enoch Arden nichts. Komisch!

Bei mir wohnt ein alter Jungendfreund, er hat die

gleiche Schulbank im Kloster Ettal gedrückt, den frage ich, von wem »Enoch Arden« sei, und er sagt, ohne sich auch nur einen Augenblick zu besinnen: von Tegnér. Natürlich. Ich frage meine Frau, sie weiß es nicht, aber sie meint, von einem Engländer. Zum Mittagessen – es ist ein Sonntag – kommt der Dichter Georg B., in Sachen der Weltliteratur unfehlbar. Von wem ist »Enoch Arden«? Von Tegnér! Eine klipp und klare Antwort. Es ist nur sonderbar, sage ich, daß im Lexikon nichts steht; meine Frau meint, der Verfasser sei ein Engländer. Mach mich nicht verrückt, sagt Georg, es gibt Dinge, die weiß man oder weiß man nicht. Seit vierzig Jahren steht für mich fest, daß »Enoch Arden« von Tegnér ist; so gut, wie der Faust von Goethe.

Trotzdem rufen wir noch einen Freund an, er soll im Großen Brockhaus nachschlagen. Er ist nicht zu Hause; aber der Sohn sucht den ganzen »Tegnér« durch und findet nichts. Jetzt wird es ungemütlich. Wir bemühen noch einen Bekannten, einen Kenner. Wir stellen keine Fangfragen, wir möchten nur wissen, wer den »Enoch Arden« geschrieben hat. Tegnér, lautet die Antwort.

Es ist ein Rätsel: vier in der Literatur bewanderte Männer, darunter drei Fachleute, haben unbeinflußt voneinander mit Bestimmtheit erklärt, der »Enoch Arden« sei von Tegnér. »Ich sehe noch das Buch vor mir!« sagt Georg. Meine Frau, die von Tegnér keine Zeile gelesen hat, wohl aber »Enoch Arden« zu kennen glaubt, ruft eine Freundin an, die von der Mutterseite her Engländerin ist. Die sagt, sie habe das dunkle Gefühl, das sei von Tennyson.

Wir stürzen auf unsern Meyer, und richtig, da steht: »1864, die ergreifende Schifferdichtung Enoch Arden«. Daran ist nicht zu drehn und nicht zu deuteln. Und doch sind wir ratlos und können es nicht glauben.

Zwei Tage später treffen wir uns am Stammtisch, ein rundes Dutzend literaturbeschlagener Herren. Und jeder Ankömmling wird mit der Frage begrüßt: »Von wem ist Enoch Arden?« Und jeder sagt, leicht verwundert über solche Prüfung, aber so sicher, als sei es das selbstverständlichste von der Welt: »Von Alfred Tennyson!« Und dann lachen wir alle und klären die Erstaunten auf. Zuletzt erscheint der Professor K., er wittert hinter der Frage eine Falle und sagt: »Seit fünfzig Jahren nehme ich an, daß das Gedicht von Tegnér ist, aber Sie wollen mich wohl aufs Eis führen?« Und er schüttelt traurig den Kopf zu unserm unbändigen Gelächter.

Wir haben es seitdem wohl oder übel eingesehen, daß »Enoch Arden« von Tennyson ist. Aber wieso fünf klare Stimmen auf den ausgefallenen Tegnér treffen konnten, und auf keinen andern, das hat sich allen Deutungen entzogen, von denen die plumpste, beide gingen mit »Te« an, mit Recht entrüstet zurückgewiesen wurde. Meinen Freund Georg aber darf ich um nichts mehr fragen. Seit Enoch Arden nicht mehr von Tegnér sein soll, sagt er, bin ich unsicher, ob der Mond überhaupt rund ist ...

Böser Streich

Mitunter erzählt uns einer ein Stücklein aus seinem Leben – und hätt's auch besser verschwiegen; denn er vergißt, daß sich der Spalt, durch den wir auf seine schwarze Seele geblickt haben, so leicht nicht mehr schließen will; der ganze Kerl ist uns auf einmal verdächtig: hat er's andern so gemacht, wird er's auch uns so machen, bei nächster Gelegenheit.

Daß einer lächeln kann und immer lächeln – und doch ein Schurke sein, hat der Prinz Hamlet schon gewußt; und lächelnd erzählte auch mir ein Kunsthändler, wie er sich vergebens bemüht habe, einer alten Dame ein wertvolles Gemälde abzuluchsen. Schließlich erreichte er mit süßer Hartnäckigkeit, daß sie ihm das Bild leihweise überließ, für wissenschaftliche Zwecke; dann wußte er die Greisin so lange hinzuhalten, bis ihm ein geschickter Maler, den er seinerseits über seine Absichten täuschte, eine Nachahmung angefertigt hatte, die einem gutgläubigen Blick wohl genügen konnte. Vielleicht entsinnt sich der eine oder andere Leser des weit zurückliegenden, damals aber viel besprochenen Falles, wo der Fälscher Weininger, vom Vatikan beauftragt, ein Elfenbeinkästchen auszubessern, ein Zweitstück herstellte, das er einem amerikanischen Sammler verkaufte. Hätte er diesem das echte gegeben, das falsche wäre vermutlich ohne Arg in den Frieden des Vatikans aufgenommen worden. Der Sammler aber zeigte das kostbare Kästchen mehr als einem Kenner, der es schon mit vorgefaßtem Mißtrauen untersuchte.

Unser Kunsthändler tat, wenn schon nicht das Rechte, so doch das Richtige, weder die alte Dame noch ihre spärlichen Besucher schöpften den geringsten Verdacht, als das Bild wieder dort hing, wo es ein Menschenalter gehangen hatte. Und daß Bösewichte oft mehr Glück haben als mancher brave Mann, ist auch nichts Neues unter der Sonne. In einer Bombennacht brannte die ganze Wohnung aus, und wenn auch die Frau nicht in den Flammen umkam, sie war für den kurzen Rest ihres Lebens davon überzeugt, daß ihr schönes Bild vom Feuer gefresssen worden war; und so erhob auch kein Erbe nach ihrem Tod Anspruch, dergestalt, daß der Händler, nach vorsichtig abgewarteten Jahren, das Bild leicht unter der Hand an einen Ausländer verkaufen konnte.

Der Mörder

Das Buch eines berühmten Gerichtsarztes beginnt mit dem Satz: »Meine Mörder sahen alle aus wie junge Mädchen.«

Viele Mörder und Mörderinnen habe ich als Berichterstatter auf der Anklagebank sitzen gesehen; und wirklich war niemand darunter, dem man's auf den Kopf hätte zusagen können, daß er ein Verbrecher sei; und einer der abgründigsten unter ihnen, ein kaum dem Knabenalter entwachsener Jüngling, sah wirklich wie ein junges Mädchen aus, zart und blaß, rührend unschuldig geradezu; ein Adliger war es, aus guter Familie, seines Namens entsinne ich mich nicht mehr. Ohne jedes Bedenken hätte ich ihn in meinem Hause aufgenommen.

In Weilheim war die Verhandlung. Der junge Mensch war, irgendwo in Norddeutschland, der Obhut seiner Tante entflohen und mit dem Rade bis an die österreichische Grenze gefahren; weiß Gott, was sich der Wirrkopf davon versprochen hatte, »drüben« zu sein. Er wurde, ohne Papiere, zurückgewiesen, warf die Flinte ins Korn oder vielmehr sein Rad ins nächste Gebüsch und mietete sich, planlos und mittellos, in einer Pension in Partenkirchen ein. Dort lernte er eine ältere Krankenschwester kennen, ob sie nur mütterliche oder auch weibliche Gefühle für ihn hatte, weiß ich nicht mehr. Jedenfalls, er erwürgte sie bei erster Gelegenheit in ihrem Zimmer – und ich mußte immer diese zarten und schönen Hände anschauen, mit denen er das getan hatte –, beraubte sie, sperrte die Tür ab und ging, am hellen Tage, ins Kino. Dort fiel ihm ein, daß er, bei aller Gründlichkeit, vergessen hatte, ihr einen Ring vom Finger zu ziehen – und er brachte es über sich, wovor es doch sonst den Mörder schaudert, unverweilt sein Opfer noch einmal aufzusuchen und von der verkrampften, kalten Hand den Ring zu reißen, auf daß seine Untat wirklich vollendet sei.

Und da saß er nun, schmal zwischen zwei riesigen Schutzmännern, das blanke Kindergesicht unter zurückgekämmten Haaren, unverweint, ja fast unbekümmert, leise, aber ohne Stocken erzählend, als gälte es, höchstens einen Schulverweis entgegenzunehmen statt der Vernichtung seines jungen Lebens. Nach der Verurteilung, die er wortlos anhörte, hätte ich ihn eigentlich ansprechen wollen, aber ich bin dann doch aus dem kahlen Raum still hinausgegangen in den Tag, in die Freiheit, die er verspielt hatte, vielleicht, ohne selbst zu wissen, wie.

Reicher Fischfang

Wenn die Angelschnur reißt, ist es aus mit dem Fischfang, der größte Hecht geht uns in die Binsen. Daß aber eine Frau, die gar nicht fischen wollte, an einem gerissenen Straps unermeßliche Beute gewinnt, ist schon ein erzählenswerter Zufall.

Eine Bekannte von uns, eine alte Dame, die sich seit vielen Jahren von Deutschland losgesagt hatte, kam doch, auf einer Reise, in ihren Geburtsort, eine Stadt an der Donau. Sie spazierte die Uferanlagen entlang und spürte plötzlich, daß ihr ein Strumpfband gerissen sei; sie eilte in den Flur des nächstbesten Hauses, um die Sache in Ordnung zu bringen.

Wie sie so um sich blickte, meldeten sich längst verschollene Erinnerungen, als ob ihr dieses Haus, dieser Flur einmal, als einem Kinde, gezeigt worden wäre; ja, sie glaubte sich jetzt zu entsinnen, daß ihre Großmutter gesagt hatte, dies sei das Stammhaus ihrer Vorfahren. Schon wollte die Dame, nachdem sie den kleinen Schaden behoben hatte, wieder auf die Straße treten, als eine Greisin aus ihrer Tür trat und neugierig fragte, was sie wünsche. Nichts weiter, gab die Dame etwas betroffen zur Antwort, sie habe nur ihren Strumpf gerichtet. Und da die alte Frau noch mißtrauisch stehen blieb, fügte sie, eigentlich nur um eines guten Abgangs willen, verlegen lächelnd hinzu, sie habe als Kind schon dieses Haus gekannt, es müsse vor Urzeiten der Sitz ihrer Familie gewesen sein.

Dann sei sie, meinte die Greisin, aufgeregt nähertretend, in einer schier unterwürfigen Haltung, zweifelsohne eine Frau Weidenkopf? Jawohl, eine geborene Weidenkopf. Dann gehöre ihr am Ende noch heute das Haus? staunte die Alte mit großen Augen. Das sei schon möglich, erwiderte die Dame, genau wisse sie es nicht, denn schon als junges Mädchen habe sie Deutschland verlassen, und von dem alten Haus sei nie mehr die Rede gewesen.

Da müsse sie aber sehr reich sein, sagte die Greisin streng, wenn sie einen solchen Schatz einfach schwimmen lasse; und, auf den spöttisch-verwunderten Blick der Dame gab sie, zitternd vor Eifer, das Geheimnis preis: nicht das alte Haus, dieser verwahrloste Koben sei der Schatz, von dem sie spreche, aber an diesem Haus hingen noch aus unvordenklichen Zeiten die Fischereigerechtsame der Stadt.

Um es kurz zu berichten: die Dame ließ durch einen Anwalt nachforschen, wirklich standen ihre Vorfahren als »cives et piscatores«, Bürger und Stadtfischer in den Urkunden. An den Gerechtsamen, die in verworrenen Zeiten aus dem Gedächtnis der Nutznießer gekommen waren, war nicht zu zweifeln, und so hat die Dame wirklich an einem zerrissenen Straps ein ansehnliches Vermögen herausgefischt.

Unverhoffte Gönnerschaft

Bei meinen Streifzügen durch die kleinen Altertumsgeschäfte sah ich in einer zerfledderten Mappe eine recht leidliche Bleistiftzeichnung, die ein festes Haus, beinah ein Schlößchen darstellte, am Ufer eines nur angedeuteten Gewässers gelegen – bei näherer Betrachtung kam das Blättchen aber doch nicht »in Betracht«. Aber bei ganz nahem Hinschauen war die rechts unten stehende Bezeichnung unschwer als »Lauffen« zu entziffern; und da das Stückchen Papier nicht mehr als drei Mark kosten sollte, überlegte ich mir, daß es vielleicht meinem alten Freund, Professor Ackerknecht, nicht unwillkommen sein könnte, der als langjähriger Leiter des Schillermuseums in Marbach gewiß um jede Ansicht aus dem Geburtsort Hölderlins froh sein würde.

Ich erwarb das Blatt und schickte es ihm. Mit wahrhaft gemischten Gefühlen las ich schon wenige Tage später die Antwort: er könne mir gar nicht genug danken für das hochherzige Geschenk, und er müsse es mir als einen besonderen Freundschaftsdienst anrechnen, daß ich mich von einem so seltnen und wertvollen Blatte getrennt hätte: Von Hölderlins Geburtshaus sei dies, von einer ungenauen Dilettantenzeichnung abgesehen, das einzige Bild, das ihm in all den Jahrzehnten untergekommen sei.

Wunderlicher Lacherfolg

Der unfreiwillige Humor hat noch immer den absichtlichen übertrumpft; und ganz mühelos obendrein.

Den größten Lacherfolg habe ich nicht mit einem meiner heiteren Gedichte erzielt, nicht einmal mit meinem peinlichen Versprechen, als ich mich als einen Freund der Busen statt Musen vorstellte – in Stolberg, auf der Burg, begrüßte mich der Veranstalter im übervollen Saale und schloß seine Rede mit den Worten: »Und nun bitte ich Herrn Doktor Grün« – weiter kam er nicht, auch ich brauchte eine ganze Weile, bis ich das tolle Gelächter wieder auf »rot« geschaltet und zum Verschweigen gebracht hatte.

Der Taucher

Eines Abends, vor Weihnachten, rief mich mein Schwager an, aus Eisenärzt bei Ruhpolding, wo er mit meiner Schwester lebt, weltabgeschieden, jetzt im Winter gar, tief eingeschneit.

Seine Frau, eben meine Schwester, hat sich ein Buch gewünscht, von dem sie freilich weder den Titel noch den Verfasser, noch den Verlag weiß. Also, sage ich lachend, eine Gleichung mit drei Unbekannten, da wird wenig zu machen sein, in der Mathematik bin ich immer schon schwach gewesen. Und ich frage, ohne viel Hoffnung, was sie denn überhaupt wisse.

Sie hat, sagt mein Schwager, in einer Zeitschrift oder wo, eine Fortsetzung gelesen, aber auch davon hat sie das meiste wieder vergessen. Sie erinnert sich nur, daß eine Frau, die aus dem Osten geflohen war, sich zuerst mühsam mit ihrem Mann durchgeschlagen hat und zuletzt, wohlhabend geworden, statt in ihr neues Haus zu ziehen, in einem jähen Anfall von Schwermut sich umbringt. Ich weiß schon, fügt er gleich selber hinzu, das ist wenig, nie werden wir's herausbringen.

Ich lache ihm, sozusagen über hundert Meilen weg, ins Gesicht und rufe übermütig: »Der Taucher, von Schiller!« Er knurrt, ich solle keine schlechten Witze machen!

Nein, sage ich, es ist mein Ernst: »Dort hing auch der Becher an spitzen Korallen, sonst wär er ins Bodenlose gefallen!« — Ich hab's nämlich schon! Das Buch liegt grade vor mir, soeben hab' ich's zu Ende gelesen. Es heißt: »Schlußball«, ist von meinem Freund Gerd Gaiser und bei Carl Hanser erschienen!

Die Vorstellung, er kennte alle Bekannten seiner Bekannten, mag schon manchen, der selbst schon über ein gehöriges Grundkapital von Beziehungen verfügt, belustigt haben: die gesamte Gesellschaft, zum mindesten die des westlichen Abendlandes, wäre in seinen Kreis einbezogen; denn selbst dort, wo wir uns in der Mitte einer Freundschaft wähnen, sind wir, gemesssen an der gesamten Umwelt des andern, nur eine Randfigur.

Das schöne Fragespiel, wie viele Händedrücke wir von bedeutenden Ahnen oder Zeitgenossen entfernt sind, wird vielleicht der und jener geübt haben und dabei zu erstaunlichen Ergebnissen gekommen sein. Daß, urkundlich erwiesen, ein Zweig unserer Familie bis zu Karl Martell zurückreicht, freilich auf dem Umweg über eine natürliche Tochter eines Grafen, ist eigentlich nicht gemeint, wir denken mehr an die Verbindung mit Unverwandten, sei sie von erster Hand oder über die Kette vieler Hände.

Wer dem Oberbürgermeister von München oft die Hand gedrückt hat, der hat's nicht weit zur Königin von England oder zum Schah von Persien. Bismarck und Menzel sind ohne langen Umweg über meinen Vater erreicht, der ihnen als junger Pressemann in Bad Kissingen begegnet ist. Aber verwunderlicher ist schon Nietzsche oder Zola, die ich »aus zweiter Hand« über Michael Georg Conrad buchen darf. Übrigens braucht man nur ein paarmal eine richtige Party mitzumachen, um »aus erster Hand« Otto von Habsburg, einen Enkel des 1914 ermordeten Thronfolgers Franz Ferdinand oder gar die illustrierteste Frau der Welt, Soraya, zu erleben. Und ein Dutzend Botschafter verbindet uns mit einem Händedruck mit den Völkern aller Erdteile.

Zu einem Sultan wird sich kaum ein Weg finden lassen, aber einem Papst habe ich selbst den Ring geküßt, allerdings, als er, Eugenio Pacelli, noch Nuntius in München war. Zum Kaiser Wilhelm ist, über einen Enkel, der mich liebenswürdigerweise von einem Herrenklub nach Hause fuhr, die Brücke überraschend schnell geschlagen; und unabsehbar sind dann wieder die Händedrücke zweiten und dritten Grades, die davon abzuleiten wären.

Vielen Wittelsbachern, also auch dem König Ludwig III., dem König von Norwegen, habe ich die Hand gegeben und mit ihnen plaudern dürfen — an sich nicht des Rühmens wert, weil es nicht selten ist.

Merkwürdiger ist schon, daß ich zu Goethe in nahe Beziehung gekommen bin: eine uralte Dame in der Maximilianstraße hat mich, als ich ein Kind war, mit den Händen berührt, die ihr, vielleicht achtzig Jahre früher, der greise Dichter gestreichelt hatte.

Schiller — wer dächte, daß es nur vier Glieder der Kette sind? Der Freiherr von Gleichen, Schillers Urenkel, war mir freundschaftlich verbunden. Nicht viel weiter dürfte es zu Brentano und Arnim sein — aber wir wollen das Spiel abbrechen; sicher hat der Professor Sepp, der anno 48 mit in der Paulskirche war, dem Ludwig Uhland die Hand gedrückt; zu andern, vermeintlich viel näher stehenden Größen ist hingegen keinerlei Verbindung herzustellen.

Es gibt aber auch den wunderlichen Fall, daß einer just die, deren Lebensweg er oft gekreuzt hat und die ihm durch hundert Händedrücke verbunden sind, nie kennenlernt. So ist mir etwa die ganze Umwelt Stefan Georges oder Ludwig Thomas vertraut, sie selbst habe ich nur im Vorbeigehen gesehen, also verfehlt und nicht getroffen. Auch Adolf Hitler — und das nenne ich einen Glücksfall — gehört nur zu meinen Hör- und Seh-Bekanntschaften, obwohl er ein Regimentskamerad von mir war und die Verbindungsmöglichkeiten zu ihm zahlreich genug gewesen wären.

Mit seinem Unteroffizier, einem kriegsbeschädigten Straßenbahnschaffner, war ich befreundet. Dieser Mann war so klug, daß er dem zum Führer gewordenen Gefreiten aus dem Wege ging, obwohl er leicht die vielen Knödelsuppen, mit denen er den Arbeitslosen geatzt hatte, sich durch ein Parteipöstchen hätte wieder herauszahlen lassen können. Aber einmal ist er dem Mächtigen doch, zufällig, in der Osteria Bavaria in die Hände gelaufen. Und überschwängliche Nazissen, so erzählte er mir, hatten dann wiederum seine Hände abgeschleckt, als wären sie in Honig getaucht gewesen.

Berta

Unsre alte Berta lebte nach dem Tode meines Vaters, den sie bis zuletzt gepflegt hatte, noch lange in dem Ausweichquartier meiner Eltern in Moosach bei Grafing und zuletzt in einem städtischen Altersheim in München. Sie war eine Perle, wie wir seitdem vergeblich nach einer getaucht haben. Ihre schwäbische Sparsamkeit hat gewiß auch uns viele Ausgaben gemindert, aber sie artete zuletzt, als sie nur für sich selbst zu sorgen hatte, in einen schon fast wieder erheiternden Geiz aus.

Ihre Renten und unsere Zuwendungen legte sie auf die hohe Kante, für die einzige Erbin, eine Nichte, die ihr weiter nichts Gutes tat, als daß sie auf ihren Tod wartete. Die Greisin war immer leidend — und wußte, besonders im Winter, die Wohltaten des Krankenhauses genau auszunützen — aber sie wurde steinalt, wie so viele, die sich zäh an ihren Gebrechen durch die Jahre halten.

Als Junggeselle war ich gelegentlich allein in der elterlichen Wohnung und wurde von unserer Berta nicht üppig, aber ausreichend verpflegt; eines Abends jedoch empfing sie mich in aller Unschuld mit den Worten: »Herr Doktor, heut habe Sie Pech mit Ihrem Nachtessen — das hat die Katz erwischt!« Und sie machte keinerlei Anstalten, für einen noch so bescheidenen Ersatz zu sorgen.

Wir hatten eine Hausnäherin, Frau Siry, ein armes,

verhutzeltes Weiblein, das sich gelegentlich mit der Herrschaftsköchin Berta unterhielt: »Wissen S', mein Sohn hat g'heirat' und möcht' bei mir wohnen; und mir hab'n doch gar kein' Platz; und da setz' ich mich oft a Stund lang auf'n Abort, net, damit doch die jungen Leut' auch amal allein sind. Und was meinen S', was mein Sohn g'heirat' hat? Ein Dienstmädchen!« Die würdige Berta erstarrte, soweit es ihre Rundlichkeit zuließ, zu einem Eiszapfen. Die unglückliche Näherin bemerkte zu ihrem Schrecken, was sie angerichtet hatte: »Um Gottes willen!« jammerte sie, »net oans wie Sie, Fräulein Berta – ein ganz gewöhnliches Dienstmädchen!« Trotz dieser Entschuldigung durfte die Frau Siry das Haus nicht mehr betreten.

In Moosach hatte die Berta auch unsern Gartenanteil geerbt; und jeder Kenner eines parteienreichen Hauses – es war ein schrecklicher Riesenkasten für die Besitzer und Arbeiter eines Sägewerks – wird sich die freundnachbarlichen Kämpfe mit einer so happigen Person vorstellen können. Eines Tages grub ein alter Mann nebenan den Boden um; und unsre Berta sah da eine günstige Gelegenheit, an dieser Arbeitsleistung teilzuhaben. »Und wissen S'«, erzählte sie uns, »man kann ja net so sein, am Abend hab' ich mich halt schön bedankt und hab' ihm drei Mark hing'halten. Und was meinen S', der freche Kerl hat's g'nommen!«

Auch in der schlechten Zeit sorgten wir dafür, daß unserer treuen Berta im Altersheim nichts abging; sogar an dem teuren Kaffee hatte sie keinen Mangel; sie konnte in ihrer Einsamkeit gut und gern auch eine Heimgenossin zu einem Schwatz einladen. Aber das gab sie bald auf: »Da ist gleich zweimal die Woch' die Frau Mangold zu mir gekommen und hat recht lieb mit mir getan; aber sie hat schon a soo große Tass mitbracht, daß i bald g'merkt hab', wo die ganze Freundlichkeit 'naus will! Die soll ihren Kaffee wo anders trinken, zu mir kommt die nicht mehr aufs Zimmer!«

Dichter unterwegs

Stuttgart

In der neuerbauten, damals noch viel umstrittenen Liederhalle: »der Sänger sitzt«, ich hatte soeben meinen Stuhl zurecht gerückt, um mit dem Lesen zu beginnen. Zufrieden blickte ich in die Runde: ein festlicher Raum, brechend voll einer besonders guten Hörerschaft, seelisch wie akustisch leicht ansprechbar; alles strahlend im Li... schnapp: mit einem Schlag ging die Beleuchtung aus. Es war wie der sprichwörtliche Blitz aus heiterm Himmel, nur mit umgekehrten Werten: nicht blendende Helle, sondern rabenschwarze Finsternis stand vor meinen Augen. Ein matter Donner, aus schallendem Gelächter, spitzem Angstgeschrei und zornigen Befehlen erklang aus dem stockdunklen Saal. Dann war es geisterhaft still, undurchdringliche Nacht ließ nicht den kleinsten Umriß erkennen.

Die erste Schrecksekunde war vorüber, die ruhige Überlegung begann: Was tun? Ich weiß, es gibt Vorleser genug, die einen solchen Zufall geradezu begrüßen: auswendig sagen sie ihre Sätze in das Nichts hinein, aus dem Stegreif plaudern sie mit ihren unsichtbaren Hörern. Ich kann das nicht; ich bin auf mein Buch angewiesen — und selbst, wenn ich begänne, ein paar Verse frei herzusagen (solche, die viele da drunten besser kennen als ich), wie lange würde ich das durchhalten?

Also warte ich schweigend. Jede Sekunde kann ja die Störung behoben sein, denke ich — es kann aber auch eine Viertelstunde und mehr dauern, raunt mir ein boshafter Geist ins Ohr. Es wird gleich eine Notbeleuchtung angehen! Nichts ging an. Ein Hörer wird mir eine Taschenlampe bringen! Wer hat, an einem Sommerabend, schon eine bei sich? Offenbar niemand. »Ein Königreich für eine Kerze!« das kleinste Stümpfchen wäre eine Erlösung: wer's nicht erlebt hat, weiß nicht, daß zwischen völliger Finsternis und dem winzigsten Licht eine Spannung liegen kann wie zwischen Hölle und Himmel.

Peinigend langsam zog sich die Zeit hin; die vielen hundert Menschen ringsum wurden unruhig. Ich mußte mich zu einem Entschluß aufraffen. Und so begann ich denn: »Ein Mensch erblickt das Licht der Welt ...« Stürmischer Beifall, dessen wahre Quelle, ich muß es gestehen, mir erst jetzt zum Bewußtsein kam ... »doch oft hat sich herausgestellt, nach manchem trüb verbrachten Jahr ...« Zurufe: »hoffentlich nicht!« ... »daß dies der einzige Li ...« Schnapp! Strahlend, flutend goß sich das Licht in den jubelnden Saal.

Wasserscheide

Ich hatte im Sauer- und Siegerland gelesen, nun saß ich in einem Bummelzug, der mich von Siegburg nach dem mir völlig unbekannten Würgendorf bringen sollte. Das Vortragsamt hatte auf meinem Laufzettel eigens vermerkt, ich müsse an dem Haltepunkt »Wasserscheide« aussteigen – Kenner der Gegend bitte ich um Nachsicht, wenn mich das Gedächtnis täuschen sollte.

Jedenfalls, mir schien mein Reiseziel immer unglaubwürdiger: die Landschaft wurde von Viertelstunde zu Viertelstunde landwirtschaftlicher; Dörfer blieben zurück; Feld, Wald, Wiesen breiteten sich aus, kaum noch, daß verstreute Häuser anzeigten, daß Menschen hier lebten – und vor Menschen, hundert mindestens, und »der Literatur aufgeschlossen« obendrein, sollte ich ja lesen. Je einsamer die Gegend wurde, um so ängstlicher fragte ich den Schaffner, wann ich denn an meinem Ziele sei.

Endlich hielt der Zug an einem Wartehäuschen aus verrostendem Wellblech, niemand stieg aus als ich; niemand war weit und breit zu sehen. Ich nahm kopfschüttelnd meinen Koffer auf und marschierte ins Ungewisse.

Endlich, als ich schon verzagen wollte, sah ich an einem

Straßenkreuz ein Wirtshaus. Es schien zu einem großen Gutshof zu gehören, denn mehrere Gebäude standen da, unter denen mir eines besonders auffiel, ein großer Stall oder Stadel mochte es sein.

Eigentlich nur, um zu fragen, trat ich in die Wirtschaft, gewärtig, barer Ahnungslosigkeit zu begegnen oder höchstens mit Bedauern weitergeschickt zu werden, tiefer noch in Wald und Wildnis. Aber nein, ich sei hier richtig, hieß es, man habe mich erwartet; allsogleich wurde ich in ein hübsches Zimmer geführt, und eine Viertelstunde später saß ich vor einem Mittagessen, dessen sich der berühmteste Koch Münchens nicht hätte zu schämen brauchen.

Ich war der einzige Gast, von den paar Fuhrleuten abgesehen, die an der Theke ein Pils tranken oder einen Schnaps kippten. Ich streunte am Nachmittag durch das Gelände, einsam auf verwachsenen Pfaden, hügelauf in den Wald, der weithin mit wandernden Pilzfamilien übersät war, so unberührt, wie ich es selbst im hintersten Tirol nie gefunden hatte. Dann kam ich an einen hohen Drahtzaun mit Schildern, die das Eindringen in diesen lebensgefährdenden Bereich streng untersagten. Und jetzt erst erinnerte ich mich, daß von ferne – nun aber nicht mehr zu sehen – vier, fünf Schlote aus den Wipfeln geragt hatten. Eine geheimnisvolle Welt, deren Schleier sich allmählich lüfteten, aber immer noch ein Märchen, durch das ich als ein Verzauberter ging. Heimgekehrt, erfuhr ich, beiläufig genug, daß auf dem abgelegenen Platz eine Sprengstoff-Fabrik stehe; es gehörte nicht viel Scharfsinn dazu, in ihr meine Auftraggeberin zu vermuten; gleichwohl blieb es ein Rätsel, wie aus diesem einen Betrieb, er mochte noch so groß sein, eine Hörerschaft, wie sie mir vorschwebte, gewonnen werden könnte. Schon war es finster, keine Stunde mehr war's bis zum Beginn meines Vortrags, und immer noch saß ich allein in der Gaststube, in der keinerlei Vorbereitungen für eine Dichterlesung getroffen wurden.

Mit einem Schlag änderte sich die Szene: Fußgänger und Radfahrer, Autos und Omnibusse strömten herbei, Scharen von Menschen strebten dem Gebäude zu, das ich für einen Stadel gehalten hatte. Und schon wurde ich in einen hell erleuchteten, geschmackvollen Saal geführt, von Hunderten von Hörern mit Beifall empfangen; wie im Traum saß ich, unter wohlgekleideten Herren und hübschen Frauen, auf meinem Platz, während ein überraschend gut unterrichteter junger Lehrer meine Laudatio vortrug.

Die Lesung selbst verlief wie andre auch, ebenbürtig jedem Großstadt-Auftreten, eher noch herzlicher, unbefangener. In den Schlußbeifall aber mischte sich das Grollen eines Gewitters, das inzwischen heraufgezogen war. Eilig flüchteten die Gäste in ihre Fahrzeuge, liefen in die Nacht hinaus, schier gespenstisch im Aufflammen der Blitze und im Krachen des Donners. Ehe die ersten Tropfen fielen, waren alle fort, wie von Geisterhand in die Finsternis gesogen. Und zehn Minuten später, während der Regen schwer an die Scheiben schlug, saß ich wieder allein vor meinem Glase Wein; und ich mußte meinen wachen Verstand aufbieten gegen den Wahn, das Ganze sei nur ein Spuk gewesen, ein unglaubwürdiges Spiel zwischen Einsamkeit und Einsamkeit.

Das Haus

In den fünfziger Jahren suchten wir ein Haus zu mieten oder zu kaufen; in Grünwald war eins ausgeschrieben, und meine Frau fuhr hin, um zu sehen, ob es für uns passe. Der Hausherr war allein in der Wohnung, in Schlafrock und Pantoffeln machte er die Tür auf, und als meine Frau etwas verlegen fragte, ob sie das Haus besichtigen könne, nickte er arglos und freundlich, er zeigte ihr alles, vom Keller bis zum Speicher, erklärte ihr gewissenhaft die Vor-

und Nachteile – und fragte, jetzt erst, beim Abschied, ganz bescheiden, er möchte doch wissen, warum meine Frau das Haus so eingehend habe beschauen wollen. Er war wie aus allen Wolken gefallen, als meine Frau, selbst über die Maßen verwundert, ja in der Meinung, ein falsches Haus betreten zu haben, ihm sagte, es sei doch in der Zeitung zum Verkauf ausgeschrieben. Der Herr mag vielleicht kein besonderer Kopf gewesen sein, aber über diesen, seinen Kopf weg das Haus auszubieten, war doch wohl ein starkes Stück seiner Frau Gemahlin.

Rätselhafter Anruf

Am Palmsonntag, anfangs April 1966, wollte ich gegen zehn Uhr gerade schlafen gehen, als das Telefon klingelte. Wer mochte da zu so ungelegener Zeit anrufen? Halb verärgert, halb ängstlich brummte ich mein »Roth« in die Muschel. Eine fremde Frauenstimme, ob alt, ob jung, war nicht zu unterscheiden, fragte neckisch, ich sollte raten, wer da sei. Wie ich das wissen könnte, gab ich zurück. Sie habe mir doch geschrieben, daß sie anriefe, wollte mir die Geheimnisvolle drauf helfen. Selbst als Greis hat man da noch ein schlechtes Gewissen, auch wenn man nurmehr fürchtet, einen Brief verschwitzt zu haben. Es gingen mir, sagte ich zu meiner Entlastung, so viele Dinge durch den Kopf – und wirklich taten sie das in dieser Stunde: es dämmerte mir, daß eine verschollene Freundin aus den zwanziger Jahren kürzlich ihren Besuch angesagt hatte. Ich erinnerte mich kaum noch an sie, und wenn, war's kein herzverzehrendes Gedächtnis, sie war eigentlich ein fades Frauenzimmer gewesen, gewiß keine alte Liebe, die nicht rosten soll, wie das Sprichwort sagt. Nie mehr hatte ich was von ihr gehört, irgendwo in Thüringen war sie mit einem Landarzt verheiratet, und von dort aus hatte sie dann einen Brief geschrieben, aus der Zone. Süße Stunden waren darin angedeutet, die ich mehr als bittere im Gedächtnis hatte, und süßbittere Schokolade schickte ich ihr denn auch, Bücher und Zigaretten, wie so vielen »drüben«, die ich überhaupt nicht kenne.

Noch einmal forderte die Fernsprecherin mich auf, zu raten, und ich sagte, unsicher genug, das Stichwort: »Mausl!?«

Es mußte wohl getroffen haben, denn wenn's auch nicht mit einem Freudenruf beantwortet wurde, so doch mit dem unverzüglichen Angebot, in der Nähe des Bahnhofs zusammen eine Tasse Kaffee zu trinken. Nein? dann komme sie heraus, in dreiviertel Stunden sei sie da.

Dreißig Jahre früher wäre das ein beglückender Vorschlag gewesen, mein Herz Tag und Nacht geöffnet. Jetzt kam er für Jahrzehnte und für Stunden zu spät. Mein Herz schloß sich geradezu krampfhaft, mit Gewalt mußte ich es wenigstens zu dem Gegenvorschlag auftun, morgen möge sie um ein Uhr zum Essen kommen, wir — ich bezog meine liebe Frau vorsichtigerweise gleich mit ein — wir würden uns sehr freuen. Also gut, morgen um ein Uhr. Ob sie denn auch wisse, wie sie herauskomme? Die Bäumlstraße, hinterm Nymphenburger Schloßrondell versteckt, kennen oft ergraute Taxifahrer nicht. Aber die Frau erklärte, mit beinah hohnvoller Stimme, das wisse sie doch genau, selbstverständlich.

Verwundert war ich, aber sie konnte sich ja erkundigt haben; also, bis morgen um eins. Schon hatte sie eingehängt.

Meine Frau, die durch die offene Tür das Gespräch mitgehört hatte, neckte mich weidlich mit meiner »Mausl«, es hätte leicht ein Streitgespräch über unsere vorehelichen Verbindungen sich entwickeln können; aber wichtiger schien mir, den unerledigten Brief herauszusuchen — in dem mußte ja stehen, für wann der Gast sich angesagt hatte: für anfangs Mai! Aha, darum war es mir ja auch mit der Antwort nicht so eilig gewesen! Aber vielleicht hatte sich die Schreiberin vertippt? Doppelt gespannt erwarteten wir den rätselhaften Gast – er kam nicht. Und nie werden wir erfahren, zu wem »Mausl«, uneingeladen und unverhofft, zum Mittagessen gefahren ist!

Zusammenstoß

Das Autofahren wird immer schwieriger, Vergnügen ist es eigentlich keins mehr; aber auch in den fünfziger Jahren schon, am Sonntag gar, konnte man auf den verstopften Straßen was erleben – und durfte froh sein, wenn man's überlebte. Nacht und Nebel, Wagen hinter Wagen, Schritt für Schritt – »Abstand halten!« leicht gesagt, aber die kleinste Unachtsamkeit genügt: und schon bumst's und scheppert's. Meine Frau ist auf den Vordermann aufgefahren, scheußlich hat's gekracht, geklirrt und geknirscht, die Lichter sind ausgegangen. Verwirrung, Schock, Geschimpfe, Beschuldigungen – je nun, das Übliche, keiner Zeile im Montagsblatt wert, summarisch unter hundertdreiundzwanzig Unfällen, meist Blechschäden, zusammengefaßt, nichts gegen die drei, vier schweren Unglücke, aber für die Betroffenen hart daran vorbei.

Fahren können wir noch, das ist im Augenblick die Hauptsache; wir sind noch einmal davongekommen. Meine Frau ist heil geblieben, ich habe eine große Beule am Kopf und einen geprellten Ellenbogen, die Buben im Rücksitz sind so gut wie unbeschädigt, Thomas, der zehnjährige, hat eine dicke Lippe, fast ein Vorteil, denn sonst würde er ununterbrochen reden und die Mammi noch nervöser machen, als sie ohnehin schon ist. Der sechsjährige Stefan aber teilt uns, höchst zufrieden, daß es so glimpflich abgegangen ist, seine Ansicht über die Sache mit: »Ich hab' gleich gemerkt, daß was passiert ist, aber ich habe fest auf meinen Bären geschaut, um die trüben Gedanken zu verscheuchen (erfahrene Eltern wissen, wie hochgestochen Kinder oft dahereden); der Wurstel und der Affe, die ganz hinten sitzen, haben überhaupt nichts davon gemerkt. Wenn man bedenkt, von sieben, die im Auto gesessen sind, ist eigentlich *nur* dem Papi richtig was passiert; und es hätte alles viel dümmer gehen können!«

Dieser fröhlichen Auffassung haben wir uns gern und ohne Widerrede angeschlossen; ich habe sogar meine Mutmaßungen darüber, was mich der Scherz kosten würde, vorübergehend eingestellt.

Dichterpreis

Im Jahre 1952 bekam ich — endlich und viel zu spät, wie mir einige Leute, nicht meine »Freunde«, versicherten, den Dichterpreis meiner Vaterstadt München. Ausgerechnet in diesem Jahr war im Rathaus die Sparwut ausgebrochen, der Betrag war um die Hälfte, auf fünfzehnhundert Mark, begrenzt worden; und da ich das viele Geld nicht selbst auf der Stadthauptkasse abholen, sondern durch Postanweisung beziehen wollte, erhielt ich, in Worten, vierzehnhundertneunundneunzig Mark, denn die Gebühr für das Porto wurde abgezogen.

Glückwünsche trafen ein von allen Seiten, meist von Verehrern, die das Ereignis gewaltig überschätzten. Ein Brief ist mir noch im Gedächtnis: ein biederer Mann freute sich von Herzen, daß ich jetzt einem gesicherten Lebensabend entgegensehen könne, und er wünschte mir noch viele Jahre des verdienten Genusses. Ich war damals siebenundfünfzig Jahre alt, heute bin ich siebenundsiebzig. Ich brauche nicht zu versichern, daß die Riesensumme nicht ausgereicht hat.

Noch ein anderer lieber Mitmensch fällt mir ein: er schickte mir zu diesem Anlaß – einen gewaltigen Freiumschlag und hoffte in aller Bescheidenheit, ich sollte ihn mit den vielen Marken, die wohl mit Briefen aus der weiten Welt mich erreichten, gehörig füllen, der Dank eines kleinen Sammlers sei mir gewiß. Und ich erinnere mich heute noch, daß ich, nach einigem Schimpfen über die Dreistigkeit des Mannes, diesem Schlaumeier recht geben mußte und ihm ein wohlassortiertes Päckchen schickte, von den Bahamasinseln bis Südafrika, von Argentinien bis Ceylon, so weit eben der Widerhall von jenem »Menschen« gedrungen war, der ich selbst zu sein die Ehre habe.

Nur ein Zufall?

Meine Frau ist die einzige Zeugin dessen, was ich hier an Eides statt versichere: Am 19. Juli 1971, so gegen fünf Uhr nachmittags, saß ich, des Schreibens müde, neben, oder genauer gesagt, gegenüber meinem nähenden Eheweib und jammerte, daß auf der Welt nichts mehr los sei: keine Überraschung, kein unverhoffter Besuch, kein bedeutender Brief, kein Angebot, nichts. »Jetzt sollte ein Mann kommen, mit einer Mappe voll der schönsten, preiswertesten Handzeichnungen!« Das war natürlich nicht einmal ein Glückstraum, sondern barer Hohn, keine Herausforderung des Schicksals, sondern die endgültige, fast schon wieder lächerliche Absage an den Zufall, den die Weisen den größten Tyrannen nennen.

In diesem Augenblick schnarrte die Hausglocke. »Jetzt kommt er, der Mann mit der Mappe!« Ich lachte, mich selbst lachte ich aus wegen meiner Spinnerei, ich öffnete die Tür, eines Hausierers, eines Autogrammjägers, eines Fotografen, eines Ausfragers, eines Bettlers gewärtig – immer, wenn ich selber die Tür aufmache, liefere ich mich einem solchen Unabweisbaren aus. Es war aber der Mann mit der Mappe, ein Schlepper, ein Zwischenhändler – seit Jahren war er nicht mehr gekommen. Ich erwarb drei bemerkenswerte Blätter; mehr brauche ich nicht zu sagen; der Leser mag sich seine Gedanken machen, wie ich sie mir gemacht habe.

Herzhafter Trost

Bald nach meinem fünfundsechzigsten Geburtstag wurde ich ernstlich krank. Dreimal innerhalb Jahresfrist wurde ich operiert; zuerst wurde mir ein innerer Kropf herausgeschnitten, dann mußte ich mir die Wasserleitung gründlich reparieren lassen, zuletzt ging es auf Leben oder Tod, Gallenwege und Leber waren aufs heftigste gestört. Die ersten beiden Operationen hätten nicht so geeilt, mehr oder minder freiwillig lieferte ich mich selbst ans Messser. Aber meine Entschlossenheit wurde belohnt, den dritten Eingriff hätte ich nicht überstanden, wenn nicht vorher Atemnot und Entwässerungsschwierigkeiten behoben worden wären.

Keine Angst, verehrter Leser, daß ich Sie mit den dunkelsten Wochen meines Lebens behellige. Ausführliche Leidensgeschichten gibt es genug. Aber einen gemütvollen Trostspruch meines Münchner Krankenwärters will ich doch berichten: als ich so recht elend, angezapft wie ein Weinschlauch, nach der Prostata-Operation im Bette lag, ohne Hoffnung, je wieder schiffen und schaffen zu können, ermunterte mich der brave Mann mit der Verheißung: »Wern S' sehgn, Herr Dokta, Sie soachen wieder wie-r-a Bräuroß!«

Natürlich werde ich mich hüten, unsere guten, nur vorübergehend leicht linksgedrallten bürgerlichen Zeitungen im Bausch und Bogen zu tadeln. Die unseriösen »Boulevardblätter«, die flotten, meine ich ausschließlich.

Lassen Sie sich, lieber Leser, nie, nie, wenn Sie auch nur ein bißchen prominent sind, und am wenigsten fernmündlich, von ihren Reportern ausfragen — ein guter Rat, den ich leider selbst viel zu selten befolgt habe.

Ein jovialer, aber schwer abzuwimmelnder Herr will wissen, ob ich glücklich verheiratet bin. Ich verweigere die Auskunft. Ich selbst lese das Blatt nicht, aber ich höre durch Dritte, daß was recht unverschämt-dummes in der Zeitung gestanden ist: nämlich, daß es wohl seinen Grund haben müsse, wenn einer über seine Ehe nichts äußern will. Ein herziges Mägdelein, dem ich vertraue, nährt sich gewiß kümmerlich von dem Geschäft, herumzufragen, was Prominente gerne essen, wie sie zum Fußballsport stehen oder wie sie sich verlobt haben. Das liebe Kind bringt gleich das schöne Gerät mit, das meine Worte auf Band aufnimmt, nur als Gedächtnisstütze natürlich. Auch schwört die junge Dame, mir den Text noch vorher fernmündlich durchzusagen. Ich höre nichts, aber eines Tages hält mir ein guter Freund ein Blatt unter die Nase, in dem ich als ein uriger bayerischer Knödelfresser geschildert werde, der jederzeit zu einem Wettbewerb antreten kann. Ein andermal bekomme ich ein Dutzend Briefe von anonymen Fußballfans mit wüsten Beschimpfungen, weil ich leichtsinnig erklärt habe, daß es mir ziemlich gleichgültig ist, ob 1860 oder Bayern die bessere Mannschaft hat.

Und was die Verlobung anbetrifft, da war ich in meinen Aussagen wirklich unverzeihlich offenherzig. Das liebe Fräulein hat meine anekdotische Bemerkung als Knüller oder Aufhänger benützt, und nun steht in der Abendzeitung in riesiger Balkenschrift über die ganze Seite: »Eugen Roth sagte nur: Pack ma's!«

Ich müßte allmählich gewarnt sein; und wirklich lasse ich einen Illustrierten-Vertreter ziemlich unfreundlich abfahren, der am Telefon um elf Uhr abends noch wissen will, welche Partei ich zu wählen gedenke. Ich sage, das geheime Wahlrecht sei nicht zu dem Zwecke erkämpft worden, daß ... »Na, schön!« zischt der eben noch so zuckersüße Herr und hängt grußlos ein. In seinem Bericht erscheine ich als der ewig Gestrige, der höchstvermutlich seine reaktionäre Gesinnung nicht preisgeben will.

Zur Buchwoche soll ich, natürlich gratis, wie immer, ein ganz kleines Gedichtlein beisteuern. Ich Gutmütiger tu's; und um auszudrücken, daß ich nach wie vor dem Buch verschworen bin, fang ich an: »Ein Mensch liest Spiegel nicht, noch Stern — er hört nicht Funk, er schaut nicht fern!« Und schon ruft der hiesige Redakteur des Spiegels an, mit der drohenden Frage, wie ich dazu käme ...

Besonders häufig werde ich natürlich darüber ausgequetscht, was ich über die geistige, seelische, politische und wirtschaftliche Lage der Schriftsteller denke. Da ist freilich höchste Alarmstufe geboten, daß mir kein unrechtes Wort oder gar ein Name entschlüpft.

Nur im Vorbeigehen, zwischen Tür und Angel, bittet mich eine Bekannte, einen Aufruf zu unterschreiben, der sich gegegen die schamlosen und rohen Filmplakate wendet — Männer mit einem nackten Mensch im Arm und einer rauchenden Pistole in der Hand — Anpreisungen, vor denen auch die Kinder nicht geschützt sind. Ich setze, ohne lang zu überlegen, meinen Namen auf das Blatt — und schon bin ich, in großen Lettern, der Wortführer der »Sauberen Leinwand«, der einzige »Intellektuelle« unter lauter Sittlichkeitsaposteln und Betschwestern. Zornige und tief bedauernde Briefe flattern mir ins Haus, Drohungen, nie mehr eine Zeile von mir zu lesen, rührende Abschiede von einem Verlornen.

Die Geschichte von dem Reporter, der einen Selbstmörder anfleht, mit seinem Sprung von der Brücke noch so lange zu warten, bis er seinen Film eingelegt habe, war bisher ins Land der unbegrenzten Möglichkeiten verlegt worden. Aber so weit brauchen wir heute längst nicht mehr zu schweifen: Auf einem Münchner Friedhof wurde ein berühmter Schauspieler begraben, die nicht weniger prominente Witwe warf soeben die drei Schaufeln Erde in die Grube, als sich ein Pressefotograf vordrängte: »Bittschön, gnä' Frau, machen Sie's noch einmal, mir ist der Blitz ausblieb'n!«

Und eine Prinzessin, die sich ahnungslos für einen großen Abendempfang vorbereitete, wurde ans Telefon gerufen: »Entschuldigen S', Hoheit, können Sie mir nicht ein paar Einzelheiten über den Tod Ihres Mannes sagen?«

Inhalt